AF377612

Das Tölzer Labyrinth

im Rosengarten

Ein Kraftplatz entsteht

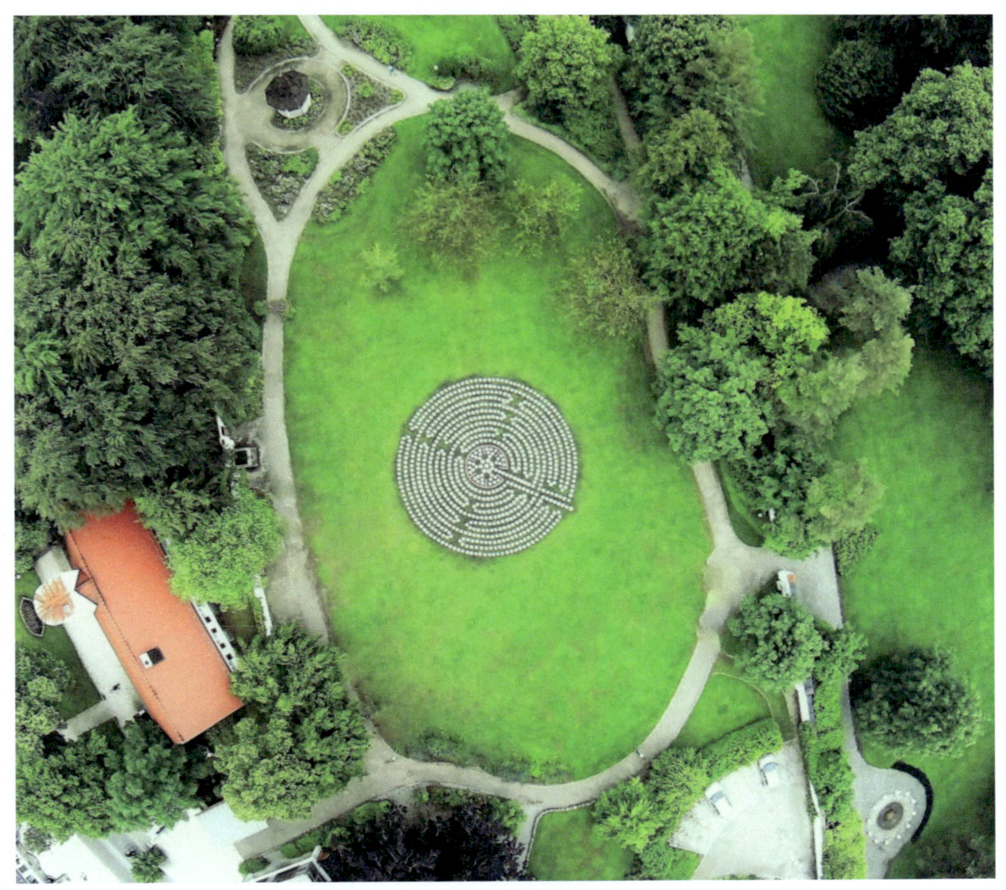

In 100 Tagen von der Idee
zur Eröffnungsfeier

M. Paulo

Marco Paulo hat das Tölzer Labyrinth in Anlehnung an das
Labyrinth aus der Kathedrale von Chartres initiiert und gebaut.
Die Ausrichtung orientiert sich an einem der kraftvollsten
Plätze in Bad Tölz- dem Kalvarienberg.
Das Tölzer Labyrinth hat einen Durchmesser von 16,4 Meter
und ist im Rosengarten platziert.

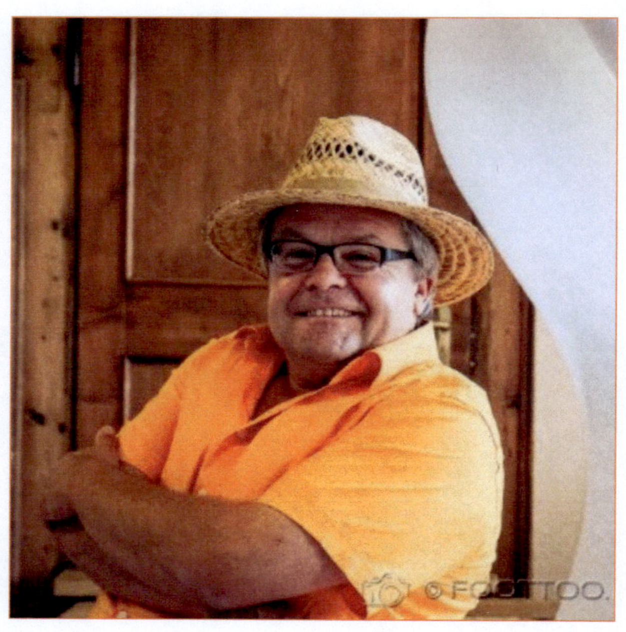

*"Ich wünsche allen Besuchern beim
Durchschreiten des Labyrinthes
besinnliche, spannende, interessante
und inspirierende Erlebnisse "*

Widmung: Ich widme dieses Labyrinth meinen Töchtern und all unseren Kindern, mögen sie ihren Lebensweg finden und gehen.

Das Tölzer Labyrinth

Impressum: © Texte, Foto & Bilder:
Marco Paulo, 83646 Bad Tölz, Atelier: Rieschstraße
Autorenname: M. Paulo
Porträtbild Paulo: foottoo.de
Kontakt: M. Paulo: www.marco-paulo.de oder www.erdpate.de

Softcover: ISBN: 9 783 738 64 0304
Herstellung und Verlag: BoD - Books on Demand, Norderstedt

Hartcover ISBN: 3-939153-11-7, Verlag Ewald Kalteiß Log. Per.
Messtechnik & Medien, Prien am Chiemsee

GRUßWORT

des 1. Bürgermeisters der Stadt Bad Tölz

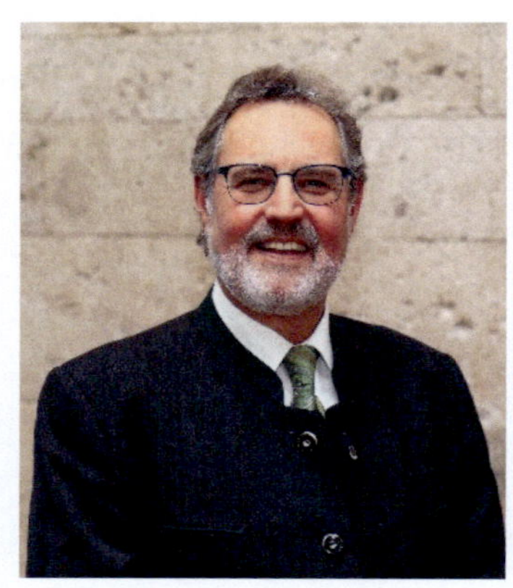

Sehr geehrte Leserinnen und Leser,

in Bad Tölz gibt es viele Orte, die dazu anregen, innezuhalten; in denen „herunterkommen" kann, wer sich gestresst fühlt: die vielen schönen Parks und Gärten, die Isarauen, der Kalvarienberg oder die Vitalorte.
Seit 2016 zu unserer großen Freude auch das Labyrinth im Rosenpark, das mit viel Engagement und Eigenleistung vom Künstler Marco Paulo gestaltet und angelegt wurde.

Seitdem sieht man immer wieder Menschen, die konzentriert das Tölzer Labyrinth, einen besonderen Kraftplatz abschreiten, Schritt für Schritt, Stein für Stein.

Dazu braucht man Geduld und Muße – es ist die perfekte „Entschleunigung", die in unserer Zeit so wichtig geworden ist.

Labyrinthe werden oft mit Irrgärten verwechselt. Aber in einem Labyrinth kann man sich nicht verirren: Der Weg hat ein klares Ziel. Er führt – zwar auf gewundenem Pfad - geradewegs ins Zentrum. So mancher mag hierin ein Prinzip unseres Lebens erkennen.

Ich danke Marco Paulo, der uns diese Besonderheit geschenkt hat, für diese Bereicherung unserer seit vielen Jahren auf das Wohlergehen seiner Gäste fokussierten Stadt.

Ihr Josef Janker,

1. Bürgermeister Bad Tölz

<u>GRUßWORT</u>

Des Landrates Herrn Josef Niedermaier

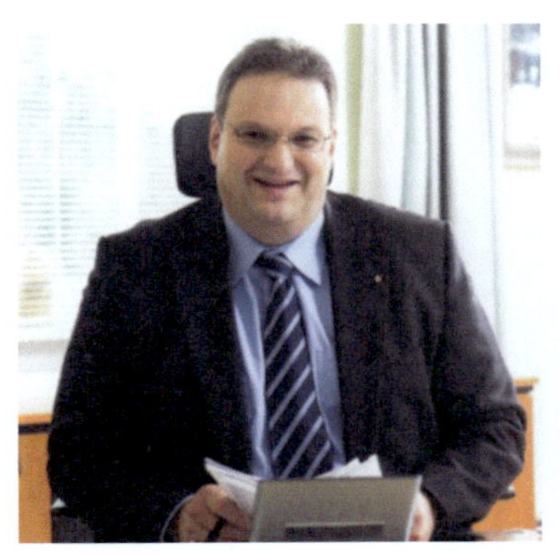

Liebe Leserinnen und Leser,

das Labyrinth des Lebens - ein geflügeltes Wort, das man so leicht dahinsagt für die überraschenden Wege, die das Leben bereithält. Wer ein Ziel anstrebt, muss bislang unbekannte Wege einschlagen und dabei immer wieder erkennen, dass ein Weg ein Umweg oder vielleicht sogar eine Sackgasse war. Diese Entscheidungen, welche Richtung man nimmt, sind wesentlich, um ans angestrebte Ziel zu gelangen. Wer dies als spannende Herausforderung begreift und neugierig gegenüber diesen Wegen ist, kann Kraft aus ihnen schöpfen. Freilich - dieses Geflecht an Wegen im übertragenen Sinne ist vermeintlich oft kaum zu entwirren. Steht nun ein solches Labyrinth in einer Parkanlage wie bei uns im schönen Rosengarten von Bad Tölz, dann wird dieses vermeintliche Durcheinander an Linien offensichtlich. Man erkennt an der Anordnung der Steinplatten, dass es eine Vielzahl an Wegen gibt, dass Abzweigungen zugelassen, normal und erwünscht sind und doch gibt es ein Ziel. Genau diese Vielzahl an Varianten und immer wieder die neue Konzentration auf ein Ziel, machen unser Leben so facettenreich.

Ich freue mich sehr, dass der Rosengarten in Bad Tölz durch diesen Ort der Kraft bereichert wird. Mein Dank gilt dem Initiator des Tölzer Labyrinth Marco Paulo, der beharrlich sein Ziel verfolgt hat. Mögen Sie alle, die Sie das Labyrinth besuchen oder sich damit beschäftigen, die Vielfalt an Wegen erkennen und den richtigen ein schlagen.

Ihr Landrat

Josef Niedermaier

Vorwort

Was hat der Bau eines Labyrinths, eines Kraftplatzes, mit Schwingungen und Energien eines Platzes zu tun? Sehr viel.

In den Neunzigerjahren lebte ich fast 20 Jahre auf einem sehr alten Hof. Die uralte Geschichte dieses Hofes und des Weilers faszinierten mich. Und so begann ich zu recherchieren. Was sich alles über die Jahrhunderte dort ereignet hatte. Das Leben an diesem Ort, mit samt der vorhandenen, sowie auch der teilweise unsichtbaren Dinge und zu spürenden Schwingungen, haben mich fasziniert und seither nicht mehr losgelassen.
Dies war mein erster Kontakt zu den Geheimnissen und unterschiedlichen Kräften und Ausstrahlungen eines Platzes. Dort konnte ich anhand von historischen Aufzeichnungen, den Ortschroniken, in der Bibliothek eines nahen Klosters und in verstaubten Archiven, mit Aufzeichnungen aus dem Staatsarchiv, sowie in Gesprächen mit älteren Menschen vor Ort, nachvollziehen, vervollständigen und doch oftmals nur erahnen, wie sich ein Ort oder ein Grundstück, ein ganzes Haus oder auch nur einzelne Räume durch die Geschehnisse in seiner Ausstrahlung und Schwingung verändert. Jeder von uns fühlt sich an dem einen Platz wohl und an dem anderen nicht so gut. Das hat etwas mit besagter Grundschwingung zu tun.

An diesem Hof, der urkundlich im Jahr 930 n.Chr. erstmalig erwähnt wurde, kam ich das erste Mal mit Angelegenheiten wie Schwingungen und feinstofflichen Energien in Kontakt. Nicht, dass ich mich damals für diese Dinge interessiert oder danach gesucht hätte. Nein, ganz offensichtlich hat dieser Ort, an dem wir fast 20 Jahre lebten, mich zu dieser Thematik hingeführt. Heute wage ich zu behaupten, er hat auf mich gewartet, um mich auf diesen Weg zu bringen. Im Gegenzug wurde es meine Aufgabe, für diesen Platz fast 20 Jahre lang zu arbeiten. Ich meine damit, energetisch zu arbeiten.
Fortan beschäftigten mich Themen wie Erdschwingung, Wasseradern, Verwerfungen und Kraftplätze. Warum und wieso sind an verschiedenen Plätzen unterschiedliche Schwingungen festzustellen? Was unterscheidet sie? Um mehr darüber zu erfahren, absolvierte ich mehrere Ausbildungen im Bereich Wünschelrutengehen und Pendeltechniken. In zahlreichen Kursen und Exkursionen durfte ich dann auf diesen Gebieten eigene Erfahrungen machen und Kenntnisse sammeln. Mit diesen uralten Techniken lassen sich bestimmte Phänomene

ausgezeichnet auffinden, orten und in ihrer Schwingung trefflich zuordnen.

So kann man etwa Wasseradern mit der Wünschelrute finden. Die Tiefe einer wasserführenden Schicht lässt sich ebenso wie die Fließrichtung, die Wassermenge und die Temperatur muten. Auch ob dieses Wasser rechts oder links drehend ist, kann man feststellen. Noch vor einigen Jahrzehnten war es völlig normal, dass man – bevor man ein Haus oder ein Stallgebäude errichten wollte – einen Wünschelrutengänger befragte. Ganz allmählich besinnt man sich wieder auf diese alten Techniken. Auch heute noch wird in abgelegenen Gebieten in den Bergen oder auf einer Alm, dort, wo es unmöglich ist, eine Wasserleitung zu verlegen, ein Wünschelrutengänger mit der Suche nach einer entsprechenden Wasserader beauftragt. In vielen Ländern ist es auch heute noch üblich, Rutengeher zu unterschiedlichsten Projekten zu befragen, denken wir nur an Island mit seinen staatlichen Elfenberatern.
Wünschelrutengänger werden auch gerufen, wenn es unerklärliche Probleme in Haus, Hof oder in der Familie gibt. Fühlige Rutengänger spüren negative, verschobene oder aus dem Gleichgewicht gebrachte Schwingungen. Sind diese ausfindig gemacht, findet man auch Lösungsansätze. Der Wünschelrutengeher sucht dann nach Möglichkeiten, einen Ausgleich, eine Nivellierung und Harmonisierung von Schwingungen zu erreicht. Man spricht auch von Platz-, Feld- oder Erdharmonisierung bzw. von Erdheilung.

Nach weiteren Jahren führte mich mein Weg über den Schamanen Angaangaq zu einer fundierten schamanischen Ausbildung. Um es gleich zu sagen, ich arbeite nicht als Schamane, ich wollte damals lediglich verstehen, was sich hinter diesen Dingen verbirgt. Heute nutze ich gewisse erlernte Techniken, Anwendungen und Möglichkeiten dieser Ausbildung für mich und auch für andere Orte, Plätze, Pflanzen, Tiere und Menschen.

Das Tölzer Labyrinth und wie alles begann:

Im Frühling 2016 wachte ich eines Morgens auf und der Traum, den ich in dieser Nacht hatte, war noch sehr präsent. In diesem Traum sah ich mich als kleinen Jungen durch ein Labyrinth gehen. Nicht durch einen Irrgarten, sondern durch ein Labyrinth, wie man es in Kathedralen oder herrschaftlichen Parkanlagen findet. Die Begegnungen und das Erlebte in diesem Traum beschäftigten mich so sehr, dass ich wenige Tage später beschloss, ein solches Labyrinth in meiner Heimatstadt zu bauen. Es sollte nicht irgendein Muster sein, das mir vorschwebte, nein, ich wollte das Labyrinth aus der Kathedrale von Chartres südlich von Paris nachbauen. Dies gilt als das wohl bekannteste Labyrinth unserer Zeit.

Philosophie

Der Zufriedene ist immer der Reichste.

Verstehe Dich selbst.

Achte auf das, was Du empfindest.

Wenn Du etwas tust, musst Du es wahrlich wollen.

Bleibe ruhig in jeder Lage, Allen und Allem gegenüber.

Habe keine Furcht vor nichts.

Sei perfekt im Denken und Tun.

Konzentriere Dich auf das Wesentliche, den Augenblick, auf das Vorhandene.

Sei im Hier und Jetzt.

Respektiere und achte dich und die Anderen.

Sei aufgeschlossen allem Neuen gegenüber.

Prüfe und hinterfrage stets Erzählungen, Hörensagen, Überlieferungen, Etikette, Vermutungen oder Verdächtigungen.

Prolog

Wir alle sind ein lebendiger Teil der Natur. Hervorgegangen aus der Energie der Natur. Ihrem Rhythmus müssen wir daher konsequenterweise folgen. Wer die Gesetze der Natur verstanden hat, kennt automatisch das Geheimnis von Ursache und Wirkung. Gleichen wir unseren eigenen Lebensrhythmus der Natur an, erreichen wir Bewusstsein, Klarheit, Stabilität, Vertrauen, Offenheit, Kraft und inneren Frieden.

Schlechte Gedanken und Gefühle sind Hindernisse. Sie versperren die Sicht auf unser eigenes Wesen und auf das Wesentliche. Wenn wir es schaffen, uns von negativen und belastenden Gedanken und Gefühlen zu befreien, wird sich uns das Wesentliche offenbaren: Es ist unser Geist – der jedoch nicht mit dem Geist des Gehirns, dem Mentalen oder unseren Gedanken verwechselt werden darf. Der gemeinte Geist ist die Essenz des Bewusstseins. Wir sollten alle belastenden, negativen Gefühle und Emotionen erkennen, ordnen und dann bewusst hinter uns lassen. Nur so können wir das Wesentliche unseres Geistes erfassen.

Mehrere Möglichkeiten stehen uns dabei zur Verfügung. Die Meditation erweist sich zum Beispiel als ein ideales Mittel. Durch Meditation dehnen wir unser Bewusstsein, unsere inneren Grenzen und Begrenzungen. Es ist von Vorteil, Meditationstechniken, Anwendungen und entsprechende Atemübungen zu erlernen. Das einmal erlangte Wissen der Vorgehensweise ist von Dauer.

Bei der Meditation ist der Atem entscheidend, er ist Ausdruck des Lebens. Sorgen, Ängste, Wut, Hass oder Leidenschaft – all das verändert ihn. Wenn wir unseren Atem mit unserem Bewusstsein vereinen, befreien wir unseren Geist. Dadurch können wir unsere eigene Lebensenergie bewahren. Ist unsere Lebensenergie blockiert oder kann sie nicht frei fließen, führt dies unweigerlich zu Erkrankungen von Körper, Geist und Seele.

Sind wir zum Beispiel in der Lage, durch Meditation unsere Lebensenergie zu sammeln, steigert sich unser Wohlbefinden. Diese Energie zu erhalten, aufzubewahren und nicht sinnlos zu verschwenden, ist eines der großen Geheimnisse. Dadurch steigert sich die Vitalität von Körper, Geist und Seele. Verspannungen und Unruhe, Unrast und unangemessener, übertriebener Eifer können erkannt und schließlich gemindert, bestenfalls sogar abgestellt werden. Dinge hinzunehmen und zu akzeptieren ist eine große Weisheit.

Wir müssen uns wie das Wasser den ständig wechselnden Änderungen anpassen, so können wir mit dem natürlichen Lauf der Zeit fließen. Gegen den Strom zu schwimmen ist anstrengend und unter Umständen auch sinnlos – gelegentlich aber erforderlich. Auch hier ist das Notwendige vom Überflüssigen zu trennen.

Es liegt im Wesen des Menschen zu versuchen, alles oder wenigstens so viel wie möglich im Griff zu haben. Erst dann glauben wir, in Sicherheit zu sein. Das ist jedoch eine Illusion, die von unserem menschlichen Ego gesteuert wird. Denn es gibt unendlich viele Faktoren, auf die wir letztlich keinen Einfluss haben.

Erkennen wir auch hier die Dinge, die von uns zu beeinflussen sind und die, die wir nicht im Griff haben. Müssen wir für eine bestimmte Sache extrem viel Energie aufwenden, ist sie es oftmals nicht wert. Eine gute Sache gelingt mit wenig Aufwand, sie wird vom ehrlichen, aufrechten Gedanken und Tun getragen.

Übertriebene Geschäftigkeit verschleiert unsere Klarheit. Vertiefen wir uns in Kleinigkeiten oder nicht zielführenden, sinnlosen Kämpfen, verlieren wir das Wesentliche aus den Augen. Dieses Wesentliche muss einfach zu erreichen sein. Je weniger wir um Erfolg kämpfen müssen, desto leichter wird er entstehen.

Wenn wir das, um was wir so energisch kämpfen, loslassen, gelangt das Ziel zu uns – vorausgesetzt, es kommt aus reinem Herzen. Muss der gewünschte Erfolg mit sehr viel Energie angepackt werden, lohnt es meist diesen Einsatz nicht. Nur in Harmonie mit unserer eigenen Natur ist Erfolg – in welcher Form auch immer – möglich.

Tragen wir unser Ziel im Herzen und ist es im Einklang mit unserer eigenen Natur, wird es sich einstellen. Das Geheimnis wahrer Stärke liegt gerade darin, sich nicht zu sehr anstrengen zu müssen. Dazu zählt auch, auf Manipulation sich selbst und anderen gegenüber zu verzichten. Zu hohe Erwartungen oder übertriebener Perfektionismus rauben wertvolle Lebensenergie. In diesem Zusammenhang ist es auch wichtig, überflüssige, extreme und zu stark ausgeprägte Wünsche zu vermeiden. Wie immer sollte das Gleichgewischt zwischen allem ausbalanciert sein.

Nicht zu viel und nicht zu wenig. Der Weg, den wir ohne große Anstrengung gehen können, ist der beste und erfolgreichste. Hierzu zählt auch, sich selbst treu zu bleiben, sich nicht zu wichtig zu nehmen, nicht jemand sein zu wollen, der man nicht ist. Dieses Ziel kann lediglich – wenn überhaupt – kurzfristig erreicht werden. Vermutlich wird es jedoch letztlich ohnehin nicht gelingen. Die Enttäuschung ist umso größer. Denn mit der eigenen unrealistischen, überzogenen Erwartungshaltung generieren wir unsere eigene Enttäuschung.

Daraus resultierend ist es von Bedeutung, nicht permanent zu suchen und sich nicht nach immer mehr zu sehnen, sondern zu erkennen, was bereits vorhanden ist und dies in Dankbarkeit und Demut anzunehmen. Es wird immer jemanden geben, der mehr hat, schöner, reicher, erfolgreicher, mächtiger, engagierter oder angesehener ist. Ist dieser jene aber auch glücklich, also wirklich glücklich? Denn das sollte unser Ziel sein. Er ist er und wir sind wir.

Kommen wir zurück zur Meditation. Alles entsteht im Kopf. Ziel der Meditation sollte es sein, Herr der eigenen, wahren, aufrichtigen Gedanken zu sein und diese auch zu verstehen und nach ihnen zu handeln. Durch Meditation sammeln wir Körper und Geist intensiv. Wie man sich das vorstellen kann? Wir beobachten uns selbst, können unseren eigenen Geist und Körper in der Vollständigkeit wahr- und annehmen. Leib und Seele gelangen dadurch ins Hier und Jetzt. Körper, Geist und Seele werden ins Gleichgewicht gebracht, Lebensenergie kann fließen. Eine wichtige Frage in der Meditation lautet: Wer bin ich?

Eine über tausend Jahre alte Weisheit der Shaolin Mönche besagt:

**„Wer Lebensenergie zu führen weiß,
nährt im Innern seinen Körper, wehrt nach
außen hin alle schädlichen Einflüsse ab und kann
Unglaubliches bewirken."**

Das Tölzer Labyrinth: ein Kraftplatz entsteht

In 100 Tagen von der Idee zur Eröffnungsfeier

Philosophie und Gedanken zu diesen Kraftplätzen

Labyrinthe finden sich überall auf der Welt. Die ältesten, etwa 5.000 Jahre alt, wurden in Felsen oder auf Keramik geritzt. Ihr Ursprung liegt aller Wahrscheinlichkeit nach im heutigen Griechenland.

Seit jeher sind Labyrinthe geheimnisvolle, mystische Kraftplätze. Sie stehen für eine universelle Weltansicht. Symbolisieren sie doch den Lebensweg des Menschen, der durch das Begehen eines Labyrinths beschrieben wird. Unsere Absicht ist es, im Leben voran zu kommen, einen Weg zu gehen, unserem Ziel immer näher zu kommen.

Neue Lebensumstände, die sich uns zeigen, können mit Zuversicht angenommen werden. Wichtig dabei ist das Vertrauen, neue, fremde, unbekannte Wege in eine ungewisse Zukunft zu gehen. Vieles auf diesem Weg haben wir uns nicht ersehnt oder erwartet – und doch müssen wir diesen Weg gehen. Warum auch immer, es ist unser Weg.

Vieles macht uns, gerade weil es unbekannt ist, Angst. Dennoch, es kommt wie es kommt, wir können diesem Weg nicht entfliehen. Ein Umkehren unseres Lebensweges ist nicht möglich, also bleibt uns nur die Chance, immer weiter zu gehen, Schritt für Schritt. Gebirge und Täler, Wendepunkte und unvorhersehbare Ereignisse stehen für die Herausforderungen unserer Zukunft und diese müssen wir annehmen.

Ein Zurück ist ebenso unmöglich wie Abkürzungen oder ein Zurückweisen von Begebenheiten im Verlauf unseres Lebens. Nichts geschieht einfach nur so. Alles, was passiert, dient unserer Weiterentwicklung. Der begangene Weg führt uns immer zur Mitte. Und wenn wir den teils verborgenen und nur selten sofort erkennbaren Sinn dieser Unwegsamkeit annehmen oder sogar versuchen, sie als etwas Positives oder Notwendiges zu begreifen, werden wir an den Umwegen, Herausforderungen und Hindernissen wachsen.

Der Weg durch ein Labyrinth wird für uns zu einem Sinnbild unseres Lebens, insbesondere im Hinblick auf den Prozess der menschlichen Erkenntnis: Was ist meine Bestimmung? Wer den Weg des Labyrinths geht, pilgert sozusagen durch sein Leben. Unser Ziel ist die Mitte, aber nur selten gelangen wir direkt dorthin. Im Laufe unseres Lebens haben wir unterschiedliche Ziele. Am liebsten möchten wir sie auf geradem Weg ohne große Hindernisse erreichen. So funktioniert aber das Gehen im Leben in den allermeisten Fällen nicht. Auf unserem Weg müssen wir Umwege machen, kommen der Sache, also unserem Ziel, immer wieder sehr nahe und plötzlich ist es ganz ungewollt wieder unendlich weit weg, ohne dass wir es auch nur annähernd erreicht haben. Dennoch ist es unser Weg und wollen wir vorankommen, so müssen wir ihn weiter gehen. Im Stehen bleiben oder gar Umkehren liegt keine Lösung. Genauso führt uns der Weg durch ein Labyrinth.

Das Labyrinth fasziniert und erfreut, es weckt Neugier, ist unergründlich, aber doch wiederum ist es einfach und kommt unserem Bedürfnis entgegen, Ordnung ins Chaos zu bringen. Nie lässt sich das Labyrinth im Hinblick auf seine Geschichte, Entstehung, Bedeutung und Mystik bis ins Letzte erklären, es bleibt immer ein unbekannter, undurchdringlicher Rest, ein Geheimnis. Wer am Eingang des Labyrinths steht, sieht die Mitte, sein Ziel. Wie im Leben hat er sein Ziel direkt vor Augen. Dabei geht es oftmals um äußere, menschliche oder gesellschaftliche Ziele. Um einen Schulabschluss, darum, etwas Bestimmtes zu erreichen, um ein Studium, ein Ergebnis, einen Ausbildungs- oder Arbeitsplatz, um Freundschaften, Anerkennung, eine Wohnung, eine Familie, eine Reise – was auch immer. Oftmals werden auch materielle Ziele anvisiert. Wer genauer hinschaut und in sich hineinhört, erkennt weitere bedeutende Ziele: innere Erkenntnis, Vertrauen, Herzensruhe, Demut, Harmonie, Liebe, Glaube, Spiritualität. Für all diese Vorhaben lohnt es sich, die vermeintlich beschwerlichen Wege zu gehen. Und allesamt sind sie es wert, die jeweilige Situation anzunehmen, auch wenn es gelegentlich schwerfällt. Wer sich mit dieser Erkenntnis darauf einlässt und sich auf seinen Pfad begibt, erlebt den Weg des Lebens häufig unbeschwerter. Das heißt jedoch nicht, dass der Weg dadurch nun leichter, sorgenfreier oder ebener wird, nein, nur unsere Sicht der Dinge verändert jetzt den Weg des Lebens, vielleicht sogar hin zu einem Abenteuer. Das spannende Abenteuer unserer Existenz auf diesem Planeten.

Es wird eine Reise zu uns selbst, auf der wir uns kennenlernen, all unsere Stärken und Schwächen, unsere Fähigkeiten, unsere Gewohnheiten und auf der wir, daraus resultierend, über uns hinauswachsen. Wir erleben unsere Kraft, unseren Willen, unser Durchhaltevermögen, sehen unsere Talente und Begabungen. Lernen unsere Grenzen kennen, müssen Ohnmacht und Hilflosigkeit erfahren, spüren die körperliche und geistige Erschöpfung und oftmals die Sinnlosigkeit unseres Handelns.

Was bleibt von alledem? Jedes Abweichen von unserem geplanten Weg erscheint im Nachhinein zufällig, unnötig oder überflüssig. Was verbirgt sich hinter solchen unvorhersehbaren Ereignissen, warum passiert nun dieses oder jenes? Ich hatte doch ganz andere Zielsetzungen.
Der tiefere Sinn dieser Ereignisse offenbart sich oftmals erst nach vielen Wendungen und Umwegen oder sogar erst nach Schicksalsschlägen, Verletzungen oder Krankheiten, die uns dazu bringen, Pausen einzulegen und nachzudenken: Warum passiert mir das gerade, wo ich doch jetzt überhaupt keine Zeit für eine Erkrankung, Operation, Therapie oder einen vermutlich langen Genesungsweg habe? Eigentlich wollte ich doch auf meinem Weg bleiben.

Alles war doch gut geplant, so dachten wir zumindest. Die Weichen waren gestellt, die Zielsetzungen klar formuliert. Wenn wir aber unvermutet von unserem Weg abkommen oder abgelenkt werden, macht sich in uns so langsam der Gedanke breit: Vielleicht war ich mit meiner Lebenssituation nicht wirklich glücklich.

Oftmals ist dem Ereignis über einen langen Zeitraum eine nicht zu beschreibende Nervosität, eine Unzufriedenheit oder auch eine Rastlosigkeit vorangegangen, obwohl doch alles in Ordnung zu sein schien. Diese anfängliche unbestimmte Unzufriedenheit führt schließlich dazu, dass wir beginnen, unser bisheriges Leben zu hinterfragen und wir kommen zu dem Schluss, dass sich etwas ändern sollte. Jedoch kennen wir keinen Weg aus unserem Dilemma. Es kann dann sein, dass weitere einschneidende Ereignisse, Heimsuchungen, Nöte oder Prüfungen hinzukommen und uns dazu zwingen, Einkehr zu halten und unsere Lebenssituation weiter zu ergründen.

Wer dann immer noch so weiter macht wie bisher, dem erteilt das Leben beim nächsten Mal vielleicht eine noch deutlichere Botschaft. Wer sich beim Fußballspielen nicht an die Regeln hält, bekommt zunächst eine Verwarnung, einen Hinweis darauf, dass er so nicht weiterspielen sollte. Ignoriert er diesen Ratschlag, erhält er beim nächsten Mal die gelbe Karte. Ist er unbelehrbar, wird ihm noch eine gelbe und schließlich die rote Karte gezeigt. Was wiederum bedeutet, dass er bei diesem Spiel nicht mehr mitmachen darf.

Soweit sollten wir es nicht kommen lassen und uns immer wieder die entscheidende Frage stellen: „Bin ich glücklich mit dem, was ich tue, mit meinem Leben? Nicht in erster Linie in materieller Hinsicht, sondern viel mehr mit Blick auf unsere menschliche, seelische und spirituelle Entwicklung. Die Probleme, mit denen wir es zu tun haben, die Schwierigkeiten sowie die Lasten, die wir tragen – das sind Prüfungen, denen wir nicht entrinnen können. All diese Aufgaben sind leichter zu meistern, wenn wir sie mit der Zuversicht und der Gelassenheit des Urvertrauens angehen. Nun setzt sich ein Prozess in Gang, der nicht mehr aufzuhalten ist. Der Weg durch das Labyrinth kann uns dabei helfen, eine Lösung für unsere Probleme zu finden. Wir begeben uns in die Obhut einer höheren Macht. Wir werden geleitet und geführt und gelangen zu der Zuversicht, dass alles, was wir erfahren, einen Sinn hat. Viele Menschen haben den Bezug zu einer höheren Macht verloren. Hinzu kommt, dass es kaum mehr Vorbilder gibt. Auch fehlen die „Stammesältesten“, die uns diesen Weg zeigen könnten. Oder aber wir hören den Großmüttern und Großvätern einfach nicht mehr zu, wenn sie aus dem Erfahrungsschatz ihres Lebens berichten. In der Erziehung konnte vielleicht manches Wissen nicht vermittelt werden.

Unser heutiges Leben ist so hastig, digitalisiert und fremdbestimmt. Wir werden überfrachtet mit Informationen, erledigen oft mehrere Dinge gleichzeitig. Und doch wissen wir, dass vieles liegen bleibt, manches wird auf morgen verschoben, weil uns die Zeit fehlt. Am nächsten Tag warten aber schon wieder neue Aufgaben auf uns. So bleibt am Ende eines Tages, einer Woche oder eines längeren Zeitraums immer mehr Unerledigtes liegen, was uns unzufrieden und unruhig macht.

Aber wie schaffen wir es, diesen Teufelskreis zu durchbrechen? Hier im Labyrinth können wir uns selbst disziplinieren, indem wir das Wichtige vom Unwichtigen trennen. Wir lösen uns aus dem Klammergriff des Alltags, den von außen aufoktroyierten Zwängen, den gesellschaftlichen Erwartungen, der Hektik und den vielen, täglich auf uns einprasselnden Informationen. Legen eine Bestandsliste an von Dingen, die wir haben oder brauchen, von Begebenheiten, die uns berühren oder belasten, von Informationen, Freunden und Bekannten, die gut oder aber nicht gut für uns sind. Schon nach dieser Analyse wird uns vieles klarer. Nur wir allein können die Sicht der Dinge, mit denen wir zu tun haben, umwandeln. Um uns herum wird sich eher wenig ändern. Nur wir können nach der Untersuchung, der nüchternen Bestandsaufnahme, der besonnenen Betrachtung nun gelassener ans Werk gehen.

Auch Urlaube, erholsame Wochenenden, Reisen, Ausflüge in die Natur oder Treffen mit wahren Freunden können dabei hilfreich sein. Oftmals genügt eine mentale Reise, ein Tagtraum, in dem wir selbst alle relevanten Umstände bestimmen können. Die Phantasievorstellungen im Tagtraum können im Gegensatz zum gewöhnlichen Traumgeschehen entweder willentlich gesteuert und bewusst herbeigeführt werden oder sich durch Unaufmerksamkeit und Nachlassen der Konzentration von selbst entfalten. Hierbei entfernt sich die Aufmerksamkeit von den äußeren Reizen der Umwelt, von Einflüssen und Aufgaben und wendet sich der inneren Welt zu. Damit ist der Tagtraum eine Form der Trance.

Wir erleben Abenteuer, begegnen unbeschreiblich schönen Ereignissen, reisen an wunderbare Plätze, befinden uns in einem geschützten Umfeld und dürfen einfach nur aus dem Vollen schöpfen und genießen. Wir können etwa mit Tieren oder Pflanzen reden. Eine Unterhaltung mit Gott führen. Beten – Balsam für unsere Seele. Ein Tagtraum ist etwas Wunderbares – gönnen wir uns diese Atempause.

Auch der Aufenthalt an einem Kraftplatz verändert uns. Als Kraftplatz wird ein Ort bezeichnet, der eine meist positive psychische Wirkung im Sinne einer Beruhigung, Stärkung oder Bewusstseinserweiterung auf uns ausübt. Meist sind es geographische Orte, die eine besondere Erdstrahlung haben. Es gibt jedoch auch von Menschenhand geschaffene Kraftplätze, wie etwa Labyrinthe, Kirchen oder die Steinsetzungen von Stonehenge in Südengland. Der sorgsam ausgewählte Kraftplatz erweist sich als Helfer, als Diener und als Freund. Hier können wir unsere Sorgen und Ängste aussprechen. Wir lassen den Alltag los und bitten um Hilfe.

Wie kam es zu der Idee, ein Labyrinth zu bauen?

Der Traum

Im Frühling 2016, es muss so etwa Anfang April gewesen sein, wachte ich eines Morgens auf. Der Traum, den ich in dieser Nacht hatte, war in meinen Gedanken noch vorhanden. Das war für mich schon etwas Besonderes. Manchmal träume ich, aber nach dem Erwachen verblasst der Traum bereits und ist schließlich schon nach wenigen Augenblicken und Minuten fast völlig aus meinen Gedanken verschwunden. Jetzt aber war es irgendwie ganz anders. Der Traum, die Bilder, das Erlebte und sogar die damit verbundenen Gefühle waren sehr klar und deutlich vor meinem inneren Auge.

Dieser Traum war mehr als nur ein Traum, denn die Gedanken an ihn ließen mich nicht mehr los. Es war alles noch so greifbar und ich spürte, dass hier etwas ganz Besonderes geschah. Es war eine Vision, ein sehr präsenter und realer Traum, der mich fortan beschäftigte.

Ich sah einen kleinen Jungen mit blonden, kurzgeschnittenen Haaren. Er stand da in einer kurzen grauen Hose mit ausgefransten Bündchen, gehalten von abgetragenen Hosenträgern. Das karierte Hemd, das er trug, hing etwas unordentlich an einer Seite aus der Hose. Die Ärmel waren verschlissen und auf Ellbogenhöhe hatte ein Winkelhaken den Stoff zerrissen.

Er trug dunkelbraune Schnürschuhe, die an den Kappen und auch an den Seiten stark in Mitleidenschaft gezogen und abgewetzt waren. Dem vielen Platz an der Ferse nach zu schließen, waren sie sicherlich zwei Nummern zu groß. Beide Knie waren verschrammt. Am Wadenbein hatte er eine frische Kratzwunde – vielleicht von einem Sturz oder von einem Dornenbusch, an dem er sich verletzt hatte. Das Gummibündchen an den Kniestrümpfen war längst ausgeleiert. Einer der kurzen Strümpfe mit grau-rotem Rautenmuster hatte keinen Halt und war die Waden entlang nach unten auf den Schuh gerutscht. Auf dem Kopf trug der Junge eine kleine beigefarbene Mütze mit kurzer Schnappe. Oben in der Mitte befand sich eine kleine Bommel. Die Schnappe war abgegriffen und wirkte speckig. Der Bub stand da und betrachtete den Weg vor sich. Seine Augen folgten aufmerksam dem ausgestreckten Arm und dem Finger. Er versuchte diesen Weg, der mit Steinen verlegt war und viele Wendungen und Biegungen aufwies, nachzuzeichnen. Das schien nicht so einfach, denn es war ein rechtes Hin und Her und die Steine, die den Weg kennzeichneten, lagen oft so dicht beisammen, dass es für den Jungen schwierig war, mit dem Blick nicht davon abzukommen.

In diesem Moment, also immer noch in meinem Traum, drehte sich der Junge um. Er versuchte, mit dem Beobachter der Situation – also mit mir – Blickkontakt herzustellen. Ich erschrak. Unsere Blicke trafen sich. Alles wirkte so freundschaftlich.

Mir fiel auf, dass er auf der Wange ein Muttermal hatte. Sein Gesicht wies einige kleinere Kratzer auf. Er kam mir bekannt vor, irgendwie vertraut. Schon wenige Sekunden später trennten sich unsere Blicke und der kleine Bub schaute wieder auf den vor ihm liegenden Weg. Nach kurzer Zeit schien er all seinen Mut zusammen zu nehmen und machte den ersten, dann den zweiten Schritt auf die Steinplatten. Behutsam setzte er einen Fuß vor den nächsten. Nach und nach verblasste jedoch das Bild des Jungen. Immer mehr glich es einer Fotografie aus den Fünfziger- oder Sechzigerjahren, an die ich mich erinnern konnte. Die Bewegungen des Jungen waren plötzlich erstarrt. In meinem Traum wirkte ich plötzlich selbst mit – und hielt nun eine alte Fotoaufnahme mit genau diesem Abbild des Buben in den Händen. An diesem teilweise geknickten Foto fehlte eine Ecke und es hatte schon einige unschöne Beschädigungen. Klar, die Fotografie war schon ziemlich alt, wurde offensichtlich des Öfteren in die Hände genommen, aussortiert und sicherlich wieder zu anderen Aufnahmen – vielleicht in ein Fotoalbum oder in einen Karton – gelegt.

Ich befand mich auf einer Zeitreise.

Lange betrachte ich die Aufnahme und das Gesicht des kleinen Kerls, bis mir klar wurde: Dieser Junge, das bin ich! Ich selbst im Alter von etwa fünf oder sechs Jahren. Das Spannende dabei war, dass der Bub sich – also ich mich – auf diesem vor ihm liegenden, seltsamen, leicht irritierenden Weg befand. Was sollten diese vielen Wendungen und Biegungen, die so dicht beisammen lagen, bloß bedeuten? Der Junge hatte keine Ahnung. Wie auch.

Aber ich – als mittlerweile erwachsener Mann, mit all meinen Erfahrungen – ich wusste sehr wohl, was das bedeuten sollte. Wir befanden uns direkt am Rande eines aus Steinplatten gelegten Labyrinths. Mir waren solche oder ähnliche Anordnungen und Muster durchaus bekannt.

Als kleiner Junge musste ich offenbar den Weg, der mir nun in meinem Traum in Form dieses Labyrinths gezeigt wurde, gehen. Schritt für Schritt erfassten meine kleinen Füße in den viel zu großen Schuhen den Weg. Warum ich immer weiter ging, kann ich nicht sagen. Ich schritt langsam, mit Bedacht voran und setzte ruhig, ohne Hast, einen Fuß vor den anderen. Die Steinlegung in diesem Labyrinth war kein Irrgarten, es waren ebene Steine auf dem Boden, über die ich lief. Es sollte sich ein klares Muster ergeben.

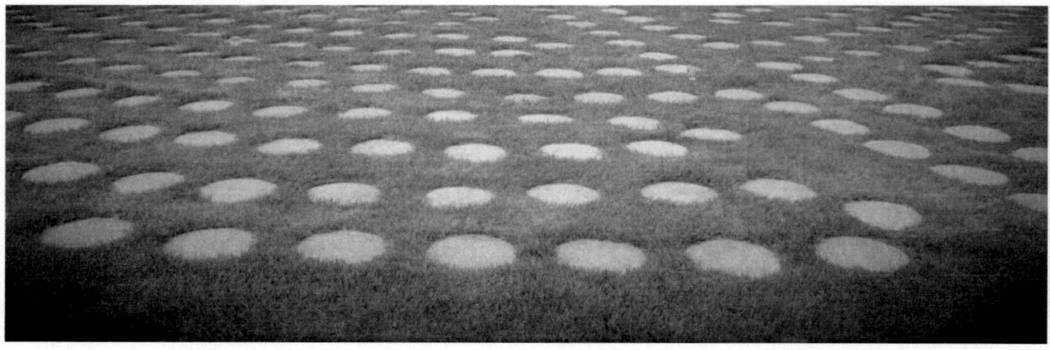

Noch einmal wurden die Bilder deutlich. Der Weg, den ich als Junge abging, war gewunden, und immer wieder gelangte ich an Wendungen, so dass ich nicht so recht vorwärts kam. Eine unbekannte Kraft setzte mich in Bewegung.

Es war klar: Aus irgendeinem Grund wollte ich zur Mitte, dort war mein Ziel. Aber das zu erreichen, war leichter gedacht als getan. Ich war alleine und konnte niemanden fragen, warum ich vor dieser seltsamen Aufgabe stand. Aber es war auch genauso klar, dass ich keinen Schritt, keine Wendung, keinen dieser Steine unter meinen Füßen auslassen konnte. Ein großer Schritt quer über die Wegplatten, um eine vermeintliche Abkürzung zu nehmen, wäre zwar möglich gewesen, jedoch hielt mich irgendetwas davon ab.

Gelegentlich wähnte ich mich meinem Ziel, der Mitte, ganz nah. Aber wieder und wieder führte mich mein Weg weiter weg davon. Ich ging beharrlich weiter, trotz der vielen Umwege, der scheinbar unsinnigen Abweichungen. Die Zeit verging und ich verstand immer noch nicht, warum ich diesen langen, beschwerlichen Weg gehen sollte oder sogar musste. Dann geschah etwas Ungewöhnliches. Die ohnehin blassen Farben und Konturen der Fotografie schienen sich zu verändern. Sie wirkten blasser, farbloser, verschwommener. Nicht nur die Farben und Konturen änderten sich. Vielmehr schien auf der Fotografie eine Bewegung stattzufinden. Auch meine Figur, meine Person verwandelte sich. Etwas ganz Besonderes schien sich auf dieser Fotografie zu zeigen. Auffällig war, dass ich in der Kürze meines Gehens über die Steinplatten wohl alterte. Heute kennen wir diese Bildbearbeitungen aus technisch aufwendig produzierten Filmen. Hier schien sich ähnliches zu vollziehen. Nach einigen Wendungen sah ich mich schon als Jugendlichen und wenig später als jungen Mann. Auf dieser Aufnahme, dieser Animation vergingen die Jahre sehr rasch. Ein Geschehen wie in einem Zeitraffer. Nach weiteren Schritten schien ich etwa 35 bis 40 Jahre alt zu sein. Alles, was auf dem Bild zu sehen war, veränderte sich rasend schnell.

Die Zeit verging, die Jahre flossen nur so dahin.

Erst im weiteren Verlauf des Gehens begriff ich, dass der Weg, den ich abschritt, mein eigener Lebensweg war – und zwar von Beginn an, seit ich als kleiner Junge den allerersten Schritt wagte. Die Ziele waren, wenn auch zu unterschiedlichen Zeiten und Abschnitten meines Lebenszyklus, verschieden, aber gleichzeitig ebenso klar. Alle Probleme, Schwierigkeiten und aussichtslosen Situationen waren Wendungen und Umwege auf meinem Weg. Die Ereignisse der letzten Jahrzehnte huschten durch meinen Kopf und wieder ging ich weiter. Es war nicht vorgesehen, den Weg in Kürze zu gehen. Ich begriff, dass jede Wendung ein besonderes Ereignis in meinem Leben symbolisierte. Die Schwierigkeiten wie auch die weniger schönen Erinnerungen, aber auch die schönen Dinge – all das musste erlebt werden. Wie auch immer, diese Erfahrungen sollten mich weiter voran bringen auf meinem Lebensweg.

Immer noch gab es keine Abkürzungen und kein Zurück. So ging ich einfach weiter voran – ich hatte ja keine Wahl. Im Rückblick betrachtet, verlor ich mein Ziel oftmals durch Irritationen und die Ereignisse des Lebens aus den Augen. Doch durch eine plötzliche andere Wendung wurde ich wieder zurück gebracht auf meinen ursprünglichen Weg, dahin gehend, meine Vorstellungen zu verwirklichen.

Und wieder schien ich einige Jahre älter geworden zu sein. Dann endlich wähnte ich mich kurz vor dem Ziel. Es lag in der Mitte des großen Kreises, um den ich nun schon so lange herum ging. Die Mitte – dieses innere Rund, welches wiederum durch einige andere Steine farblich abgesetzt erschien. Wie eine rettende Insel kam es mir vor. Weiter, immer weiter führte mich mein Weg zu dieser Insel, zur Mitte, zu meinem Ziel. Kurz vor dem letzten Schritt, der mich in das Zentrum führen sollte, hielt ich inne und es durchfloss mich ein unbeschreibliches Gefühl der

Erleichterung. Noch einmal drehte ich mich um und sah meine eigene Vergangenheit, den langen Weg, den ich bereits gegangen war, die besonderen, die wunderbaren, die einmaligen und auch die weniger schönen Erinnerungen und Ereignisse meines Lebens, hinter mir.

Auch einige wirklich traurige, schmerzliche und unglückliche Episoden waren zu sehen. Das alles so nah, so aktuell wirkend, besonders einige traumatische Begegnungen meines Lebens – versetzte meinem Herzen einen kleinen Stich. All die Begebenheiten waren so präsent. Ergreifend, traurig und schön zugleich. Denn ebenso zauberten die einmalig schönen, wunderbaren Dinge und Begegnungen ein Lächeln in mein Gesicht und in meine Erinnerungen. Beides gehört zusammen. Wie im Leben eines Jeden.

Im Zeitraffer zogen die Bilder an mir vorbei. Ich sah viele Dinge. Die weniger schönen waren nur noch schemenhaft zu erahnen. Sie wurden wohl von meinem Unterbewusstsein weitestgehend verdrängt. Alle Last der letzten Jahre, jede Unwegsamkeit auf meinem Lebensweg, die vielen Probleme, mit denen ich zu tun hatte, die Auseinandersetzungen, ob im Beruf, im Privaten oder wo auch immer, tauchten kurz in meinem Bewusstsein auf. Sie kamen wie auf Knopfdruck und erschienen alle ohne Ausnahme, auch die, mir bis dahin entfallenen oder verdrängten Ereignisse. An einige konnte ich mich bisher nicht mehr erinnern. Ich hatte sie wohl längst vergessen. In kürzester Zeit, wahrscheinlich nur in einem Bruchteil von Sekunden, sah ich die Bilder meines Lebens, meiner Vergangenheit. Ein schweres, bedrückendes, beklemmendes Gefühl erfüllte plötzlich meinen Geist. Dann aber befahl mir eine starke Kraft, weiterzugehen, wie schon so oft in meinem Leben, um nun den entscheidenden Schritt in die Mitte dieser Steinanordnung zu wagen. Mit einem tiefen Luftzug füllte ich meine Lungen und es war zu spüren, wie alle Zellen meines Körpers mit Sauerstoff durchdrungen wurden. Ich nahm all meinen Mut zusammen und unternahm den nächsten Schritt in die Mitte. Noch in der gleichen Sekunde fiel alles an Last, Kummer, an Sorgen oder Ängsten von mir ab. Ich fühlte eine unbeschreibliche Erleichterung. Hatte den Eindruck, nach einem langen, beschwerlichen Weg, endlich angekommen zu sein. In einem geschützten Raum auf einer Insel der Glückseligen. Ein Gefühl der völligen Befreiung durchströmte mich. Mein Leben, das mir manchen Kummer bereitet hatte, schien nun einen völlig neuen Sinn zu bekommen.

Mit einem Mal erkannte ich, dass ich alle Wendungen, so schwierig und unwegsam sie auch waren, hatte nehmen müssen, alle Anstrengungen benötigt hatte, um nun endlich am Ziel angekommen zu sein. Ich wusste in diesem Moment noch nicht, dass ich zukünftig die Aufgaben des Lebens mit größerer Zuversicht und Gelassenheit angehen würde. Mir war schon klar, dass ich im realen Leben auch weiterhin das eine oder andere regeln musste. Aber die Sicht auf diese vielleicht unvermeidlichen Probleme hatte sich verändert. Zukünftig würde ich sie nicht als unüberwindbar, als Herkulesaufgabe oder sogar als etwas ansehen, was mich zerstören konnte oder mich zumindest verzweifeln ließ. Nein, ab diesem Moment war ich mir sicher, dass es eine besondere Kraft, eine höhere Instanz gibt, die mich führt und auch beschützt.

Kann ich diese Kraft Urkraft, Schöpfung oder Gottes Wille nennen? Ja, ich denke schon. Wie auch immer, heute ist mir klar: Es ist die höchste Macht, die in allen Dingen wohnt, der Zauber, der die Welt erschaffen hat, jedes noch so kleine Wesen, das unscheinbare Pflänzchen, das Wasser, die Luft, die Elemente, die Erde und das Universum selbst. Diese Kraft ist allgegenwärtig.

Eine ganze Weile blieb ich stehen und spürte die Energie der Erde, die allmählich durch meine Füße in meinen ganzen Körper strömte. Von oben schien ein helles, warmes, goldfarbenes Licht auf mein Haupt. Es durchflutete mich und erwärmte meinen Körper und meine Seele. Was für ein befriedigendes, erfüllendes, erhabenes, heimeliges Gefühl!

Das Erwachen

Allmählich kam ich aus diesem ungewöhnlichen Traum zurück in die Realität. Er war noch so nah, so echt – und schenkte mir große Zuversicht. Noch einmal rief ich mir die Bilder des Traums bewusst vor mein geistiges Auge.

Was für ein Erlebnis. Nun konnte ich meine Gedanken ordnen und den Traum so real wie möglich in meinem Gedächtnis behalten. So viel war nun klar: In meinem Traum durchschritt ich wohl das Muster des Labyrinths aus der Kathedrale von Chartres südlich von Paris – eines der bekanntesten Labyrinthe. Dieses Muster war mir wohl vertraut, da ich schon viel von Labyrinthen gehört und darüber gelesen hatte. Auch auf Reisen besuchte ich einige dieser Kraftplätze. Nur fand mein Traum nicht in einer Kathedrale oder einem Gebäude satt. Meine Wege befanden sich unter freiem Himmel, um mich herum war alles grün. Es gab große, erhabene Bäume, üppige Sträucher und eine Vielzahl von bunten, blühenden Blumen. Fußwege umrundeten eine große Wiesenfläche. Genau hier befand sich mein Weg. Völlig aus meinem Traum gelöst und an diesem Morgen im realen Leben angekommen, war ich nun fest entschlossen, alle Dinge in meinem Leben als etwas anzunehmen, was für meinen Lebensweg erforderlich, wohl notwendig war.

Noch einmal rief ich mir das Muster der Bodenplatten in Erinnerung, die der Junge in meinem Traum abschreiten musste. Dieser Weg ähnelte eindeutig dem Muster des Labyrinths von Chartres. Auch wenn ich mich zwar seit vielen Jahren mit Labyrinthen beschäftige, verspürte ich bisher nie das Bedürfnis, tiefer in die Thematik einzutauchen. Jetzt war ich allerdings sehr bewegt von meinem Traum und so wuchs der ungewöhnliche Gedanke und Wunsch in mir, selbst ein Labyrinth zu bauen. Warum ich nun plötzlich diesen Impuls hatte, kann ich mir nur mit der Kraft des Labyrinths erklären.

Der Plan

Nach und nach verfestigte sich mein Wunsch.

Wenn eine solche Idee entsteht, folgt zwangsläufig die Frage: Kann ich so etwas überhaupt? Was muss ich alles berücksichtigen? Welche Form sollte das Labyrinth haben? Wer könnte helfen? Und vor allem: Wo könnte ein solches Labyrinth gebaut werden? Fragen über Fragen. Als ich in meinem Freundes- und Familienkreis von meiner Idee berichtete, stieß sie zunächst auf Skepsis: „Was? Wie? Wo? Wo willst du ein Labyrinth bauen? An einem öffentlich zugänglichen Ort? Hier bei uns in Bad Tölz? Nie!"

Fragende Blicke und zweifelnde Worte, die mich nicht gerade ermutigten, mein Projekt weiter zu vertiefen. Nach Tagen wurde mir klar: eine verrückte Idee, ein Hirngespinst. Nachdem aber der Impuls dazu in meinem Traum so intensiv gewesen war, wollte ich nicht einfach aufgeben. Meine Frau bestärkte mich darin, doch noch einen Schritt weiter zu gehen und die Idee weiter zu verfolgen.

Zunächst machte ich mich auf die Suche nach einem geeigneten Platz. In meiner Stadt Bad Tölz befand ich gleich zwei für angemessen: Zum einen den Kurgarten vor dem alten, ehrwürdigen Kurhaus am Ende der Fußgängerzone im Badeteil. Der zweite Platz schien mir aber ebenso passend: der alte Rosengarten hinter dem Franziskanerkloster. Beides sind schöne Plätze mit großen, freien Wiesenstücken. Bevor ich mit den offiziellen Stellen und den verantwortlichen Personen in der Verwaltung reden wollte, stand für mich als Wünschelrutengänger aber die Frage im Vordergrund: Ist dieser Ort für mein Vorhaben überhaupt geeignet? Und damit meinte ich nicht die Größe oder die Lage der Flächen, sondern ob dieser Platz in energetischer Hinsicht für ein Labyrinth tauglich ist. Kann hier so etwas entstehen, und – ganz wichtig – darf ich es hier bauen? Falls ja, mit welchen Materialien, welcher Größe, welcher Ausrichtung?

Also machte ich mich mit meiner Wünschelrute und dem Pendel auf den Weg, um die von mir ins Auge gefassten Plätze zu erkunden und zu befragen. Im Rosengarten erhielt ich die absolute Zustimmung in Bezug auf alle meine Fragen.

Bei dieser Gelegenheit möchte ich noch einige Dinge zu meiner Person erläutern.

Von Berufs wegen bin ich Handwerksmeister, Aktionskünstler und Autor. Über die Jahre hinweg hatte ich zahlreiche Einzel- und Gruppenausstellungen. Nach meiner handwerklichen Ausbildung mit vier Meistertiteln und zahlreichen Schulungen im In- und Ausland, zog ich mit meiner Familie 1985 nach Bayern.

Auf dem Gebiet alter, fast verloren gegangener Handwerkstechniken war ich ebenso wie im Bereich der Kulissengestaltung und -malerei aktiv. In Oberbayern lebten wir 20 Jahre auf einem Hof, auf dem ich neben meinem beruflichen und künstlerischen Engagement mit meiner Familie, Ponys, Pferden, Ziegen, Schafen und Kaninchen ein Therapiezentrum für Kinder betrieb.

Auf diesem Hof kam ich das erste Mal mit Schwingungen, feinstofflichen Energien in Kontakt. Ich beschäftigte mich fortan mit Themen wie Erdschwingung, Wasseradern, Verwerfungen und mit Kraftplätzen.

Mit der Zeit wollte ich alles über diese Themen erfahren, begann eine Ausbildung zum Wünschelruten gehen und erlernte das Pendeln. Mit diesen uralten Techniken lassen sich bestimmte Phänomene ausgezeichnet auffinden, orten und in ihrer Schwingung trefflich zuordnen.

So kann man etwa Wasseradern mit der Wünschelrute finden. Die Tiefe dieser wasserführenden Schicht lässt sich ebenso wie die Fließrichtung die Wassermenge und die Temperatur muten. Auch ob dieses Wasser rechts oder links drehend ist, kann man feststellen. Noch vor einigen Jahrzehnten war es völlig normal, dass man – bevor man ein Haus oder ein Stallgebäude errichten wollte – einen Wünschelrutengänger befragte. Auch heute noch wird in abgelegenen Gebieten in den Bergen oder auf einer Alm, dort wo es unmöglich ist, eine Wasserleitung zu verlegen, ein Wünschelrutengänger mit der Suche nach einer entsprechenden Wasserader beauftragt.

Wünschelrutengänger werden auch gerufen, wenn es unerklärliche Probleme in Haus, Hof oder in der Familie gibt. Fühlige Rutengänger spüren negative, verschobene oder aus dem Gleichgewicht gebrachte Schwingungen. Sind diese ausfindig gemacht, findet man auch Lösungsansätze. Auf diese Weise wird ein Ausgleich, eine Nivellierung und Harmonisierung von Schwingungen erreicht.

Heute lebe und arbeite ich in Bad Tölz. Gerade die Nähe der Berge, die Natur und der sich ständig wandelnde Fluss der Isar inspirieren mich. Mitte der Neunzigerjahre absolvierte ich eine schamanische und geomantische Ausbildung.

Die Geomantie ist eine ganzheitliche Erfahrungswissenschaft. Geomantie oder Geomantik (altgriechisch): „Erde" und „Weissagung", also in etwa Weissagung aus der Erde ist auch eine Form des Spürens. Sie versucht, die geistige, seelische und energetische Identität eines Ortes zu erfassen. Mit geeigneten

Maßnahmen kann der erfahrene Geomant vorhandene Schwingungsmuster wahrnehmen, sie neutralisieren, harmonisieren, verstärken, aufwerten und damit Räume, Häuser, Ortschaften und Landschaften positiv beeinflussen – sozusagen heilen. Heute ist die Geomantie im ursprünglichen Sinn in Europa fast verschwunden. Meine Ausbildungen ermöglichten mir, auch auf diesem Gebiet aktiv zu werden.

Die Lehre eines Shaolin-Mönchs und die Atempausen in Klöstern führten mich schließlich weiter auf meinem Lebensweg. Dabei erlernte ich fast vergessene Methoden, Techniken und spirituelle Vorgehensweisen. Durch die Fähigkeit, sich in Tagträumen voll und ganz in den jeweiligen Platz zu vertiefen, darf ich vielerlei Dinge spüren und sehen.

Mein aus Paris stammender Freund Patrick Sartre war ebenfalls angetan von meiner Labyrinth-Idee. Von Anfang an begleitete er mich mit seinen Gedanken und Vorschlägen. Er verwies auf ein Buch sowie auf einen französischen Verein, der sich speziell um das Labyrinth der Kathedrale in Charte bemüht. Dieser Verein sammelt altes Wissen und Unterlagen über die Entstehung dieses einzigartigen Labyrinths. Viele Stunden verbrachte ich mit dem Studium des Materials. Alles wirkte so geheimnisvoll, spirituell und mystisch. Die Forschungen reichten bis weit in die Entstehungsgeschichte des Labyrinths südlich von Paris zurück. (Siehe Quellennachweis)

Nachdem diese Grundvoraussetzungen, was den Platz anging, erfüllt und die Aussagen auf meine Fragen und die Antworten des Platzes, die ich erhielt, für mich auch stimmig waren, erstellte ich ein Konzept für den Bau eines Labyrinths und wendete mich damit an die Stadt.

Das Konzept und meine Anfrage an die Stadt

Das Originalschreiben vom 15.05.2016

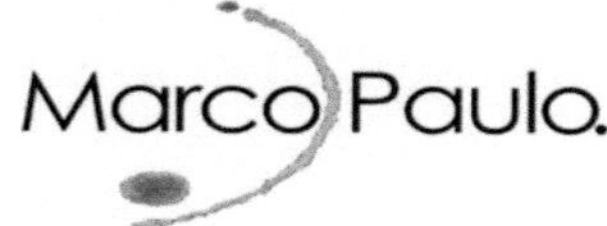

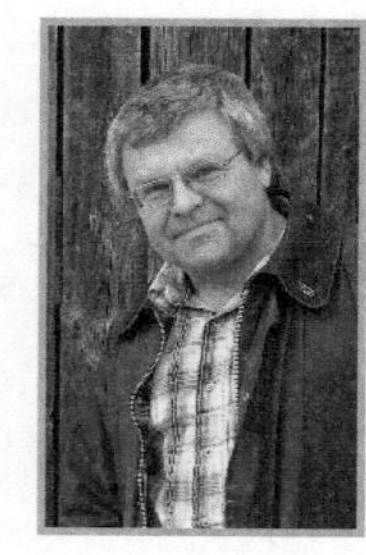

<u>Handwerksmeister und Künstler</u>

An die Stadt Bad Tölz

Bad Tölz 15.05. 2016

Betreff: Bau eines Labyrinth´s in Bad Tölz

Sehr geehrte Damen und Herren,

ich möchte Sie bitten, folgendes Anliegen zu prüfen und gegebenenfalls Ihre Zustimmung zu geben.

Als Initiator würde ich alle erforderlichen Maßnahmen organisieren und durchführen.

Die Labyrinthlinien würden mit bodenebenen Steinen gelegt. Foto: Glastonbury

Dadurch ergäben sich weder bei den üblichen Mäharbeiten oder der Nutzung bei Veranstaltungen, Störungen, Stolperkanten oder sonstige Beeinträchtigungen.

Der Betriebshof sieht keinerlei Probleme bei den Pflegearbeiten und hat demzufolge keine Einwände gegen ein solches Vorhaben. Labyrinthe gibt es weltweit auch in vielen Kurstädten. Klöster, Schlösser, Kathedralen, Kirchen und Parkanlagen schmücken sich mit solchen Bauwerken und erreichen dadurch eine große Anerkennung und Aufmerksamkeit, sowohl bei den Besuchern und Gästen als auch bei der einheimischen Bevölkerung.

Im Kurgarten bzw. Rosengarten wäre ausreichend Platz, um ein solches Labyrinth nachzubauen.

Das Labyrinth

Ein Labyrinth ist kein Irrgarten! Der Weg durch ein Labyrinth zeigt uns den Weg durchs Leben und auch zur menschlichen Erkenntnis. Unser „Ziel" ist die Mitte, aber nur selten gelangen wir direkt dorthin. Wir machen Umwege, kommen der Sache sehr nahe und plötzlich ist unser Ziel ganz ungewollt wieder unendlich weit weg, ohne es erreicht zu haben.

Trotzdem ist es „unser" Weg und wollen wir weiterkommen, so müssen wir ihn weitergehen. Im Stehenbleiben oder gar Umkehren liegt keine Lösung. Das Labyrinth fasziniert und erfreut, es weckt Neugier, es ist unergründlich und doch ganz einfach und kommt dennoch unserem Bedürfnis entgegen, Ordnung ins Chaos zu bringen. Nie lässt sich das Labyrinth bis ins Letzte erklären, immer bleibt ein undurchdringlicher Rest, ein Geheimnis.

Das Leben ist ein beständiges Gehen im Labyrinth. Zur Mitte finden und sie wieder verlassen. Labyrinthe sind seit über 5.000 Jahren ein Symbol vieler Kulturen. Sie zeigen einen Weg mit einem klaren Ziel – ein uraltes Symbol für den Lebensweg des Menschen.

Das wohl bekannteste ist das um 1200 n.Chr. entstandene Labyrinth in der Kathedrale von Chartres in Frankreich.

Ein Labyrinth bietet die Basis, vielschichtige Veranstaltungen (z.B. Hochzeiten, Geburtsfeiern, Jahresfeste...) zu etablieren. Gerade in den letzten Jahrzehnten erleben alte Bräuche rund um Labyrinthe eine Renaissance, so würde dieses Labyrinth sicherlich eine schöne, kraftvolle Bereicherung für den Kurgarten und ganz Bad Tölz.

Ich bedanke mich für Ihre Aufmerksamkeit und würde mich über eine zeitnahe Antwort sehr freuen, damit alsbald mit den Planungen und Vorbereitungen begonnen werden kann.

Mit freundlichen Grüßen

Marco Paulo

Die Antwort

Es dauerte nicht lange und die Antwort lag vor. Das freute mich umso mehr, da nur wenige Tage seit meiner Anfrage vergangen waren.

Klar, die Stadt war sicherlich genau wie ich begeistert von der Idee, hier im Zentrum von Bad Tölz solch ein Bauwerk entstehen zu lassen. Insgeheim glaubte ich, das große Potenzial eines Labyrinths dargelegt zu haben.

Sicherlich werden wir mit der Stadt Bad Tölz für die Stadt und die Region viele tolle Veranstaltungen durchführen. Ich war mir der uneingeschränkten Unterstützung mehr als sicher. Alsbald müsse doch auch das Telefon klingeln und einer der Stadtoberen seine Freude bekunden, es gab bestimmt viele Fragen und eventuell auch Wünsche, was die Gestaltung und die Materialauswahl angingen.

Einiges an Antworten hatte ich parat, anderes müsste ich sicherlich noch recherchieren. Nachdem ich mich bereits seit Jahren mit Labyrinthen und Kraftplätzen beschäftigte, wusste ich schon das ein oder andere über diese besonderen Plätze zu berichten.

Bad Tölz war vor Jahren in einer außergewöhnlichen, misslichen Lage und hatte seit 1991 ein großes Problem zu kompensieren. Damals verließen die letzten amerikanischen Soldaten die Stadt – viele Menschen, die hier zuvor für einen gewissen Konsum, sowie für Bewegung und Belebung der Stadt sorgten. Das war ein besonderes Ereignis für die Region. Es sollte Jahre dauern, bis dieser Verlust auch als Chance gesehen werden konnte.

Die Gesundheitsreform ab dem Jahr 1995 traf viele Kurorte genau wie Bad Tölz ohne Vorwarnung besonders hart. Seit 1995 sind die Übernachtungen in den 45 bayerischen Kur- und Heilbädern enorm eingebrochen. Die Sozialversicherungen wollten oder mussten sparen. Der traditionellen Kur wurde damit schwer zugesetzt. Viele Gastgeber waren gezwungen, in den folgenden Jahren aufzugeben. Einrichtungen konnten nicht mehr genutzt werden. Folglich war auch das nötige Kapital zur Sanierung oder Modernisierung von Gebäuden und Inventar nur noch bedingt vorhanden.

Natürlich hatte dies auch Folgen für die Menschen, die direkt oder indirekt von den Kurgästen lebten und bis dahin ihr Einkommen damit generierten. Nun hatte Bad Tölz also zwei solcher Einschläge zu verkraften. Der Standort als Kurbad sollte jedoch unter allen Umständen erhalten bleiben. Also suchte man nach passenden Lösungen, innovativen Ideen – und fand diese auch unter den Gesichtspunkten Ernährung, Bewegung, Aktivität, Gesundheit und Erholung. Die neuen Touristen und Gäste sollten sich wohlfühlen und neue Angebote sollten Körper, Geist und Seele beglücken. Dass dieser Wandlungsprozess nicht von heute auf morgen gelang, liegt auf der Hand.

Tatsächlich finden diese Bemühungen seit fast 15 Jahren statt und sind immer noch nicht abgeschlossen. Stillstand würde Rückstand bedeuten. Permanent werden neue Projekte erarbeitet und umgesetzt sowie bestehende verbessert. Zu berücksichtigen war, sich einerseits von anderen Kurorten inspirieren zu lassen, sich aber auf der anderen Seite auch abzusetzen. Das Rad musste also nicht neu erfunden werden, aber wenn man Gäste anziehen und diesen etwas Besonderes bieten möchte, sollte und muss man sich auch heute noch mächtig ins Zeug legen. Die Konkurrenz ist groß und schläft nicht. Einige Kurorte haben eben noch einen See oder andere Attraktionen zu bieten. Und es ist ganz einfach: Der Gast geht dorthin, wo er sich mit seinen Wünschen und Bedürfnissen am besten aufgehoben fühlt. Was das Umfeld und die Altstadt von Bad Tölz zu bieten hat, kann sich sehen lassen. Aber sich nun zurückzulehnen und abzuwarten, ist sicherlich nicht genug und wird in der Stadt auch nicht praktiziert. So gibt es in Bad Tölz zahlreiche Anregungen und Ideen. Die Stadt ist mehr als konkurrenzfähig und gut aufgestellt. Sie hat wiederum viele Einrichtungen und Attraktionen, um die sie von anderen Kommunen beneidet wird. So müssen die Verantwortlichen eine schwierige Gratwanderung zwischen erwarteter Moderne und zu bewahrender Tradition verkörpern. Laptop und Lederhose. Weltoffen, tolerant, traditionell, bodenständig, fest verankert mit der Erde, auf der sie leben.

Seit Jahren werden sehr erfolgreich viele neue Konzepte wie etwa vegane Wochen angeboten, zudem gibt es zahlreiche wirklich schöne Veranstaltungen und Standorte, bei denen es um

Besinnung, Ruhe und eine Form der sanften Mediation geht. Durch viel Engagement und Ehrgeiz der Verantwortlichen, aber auch durch den Einsatz vieler Privatpersonen gibt es zwischenzeitlich eine große Auswahl an Themen – auch im spirituellen Bereich – die dem Gast angeboten werden können und die dieser auch gerne annimmt. Von daher passte meine Idee mit dem Bau eines Kraftplatzes in Form eines Labyrinths perfekt.

Als ich die ersten Zeilen des Antwortschreibens der Stadt las, glaubte ich zunächst an ein Versehen. Sicherlich war dieses Schreiben, dieser Bescheid auf mein Ansinnen gerichtet. Als Empfänger war eindeutig mein Name und meine Anschrift zu erkennen, auch der Betreff: „Labyrinth" ließ keinen Zweifel zu. Ich hielt die ersehnte Stellungnahme in den Händen. Ernüchtert, geradezu ungläubig las ich die ersten Zeilen: Man sah keinen Handlungsbedarf und lehnte meine Pläne und das Vorhaben ohne weitere Erläuterungen oder Nachfragen ab. Das musste ich erst einmal verkraften. Warum wurde so entschieden? Ich verstand es nicht. Nach einer Weile wurde mir klar: Ganz offensichtlich hatte ich mein Anliegen, die Formulierung dessen, was sich hinter einem Labyrinth verbirgt und welche Möglichkeiten sich für die Stadt ergeben konnten, nicht ausreichend und überzeugend kommunizieren können. Wahrscheinlich wäre ein persönliches Gespräch viel besser gewesen. Doch dafür war es jetzt zu spät.

Völliges Unverständnis machte sich in mir breit, die Ablehnung war mir unbegreiflich. Es konnte überhaupt nichts mit eventuellen Kosten oder einem Aufwand für die Stadt zu tun haben, denn davon war überhaupt keine Rede. Das war für mich eine große Enttäuschung, ich fühlte mich kraftlos und ein wenig allein gelassen. Hatten die Leute, denen ich im Vorfeld von der Idee des Baus erzählte, womöglich Recht? War das wirklich zu kompliziert oder hier in meiner Stadt sogar unmöglich?

Auch Tage später begriff ich es immer noch nicht und war fast schon ein wenig beleidigt – war ich mir doch sicher, dass ein solches Labyrinth nicht nur für die Tölzer Bürger, sondern auch für die Besucher, Touristen und Gäste eine enorme Bereicherung sein würde. Noch am gleichen Abend machte ich mich auf den Weg zu dem von mir ausgesuchten Platz im Rosengarten, an dem ich das Labyrinth bauen wollte. Ich begab mich genau in die Mitte der Rasenfläche und ließ meinen Gedanken freien Lauf. Nach einer Weile suchte ich nochmals das gedankliche Gespräch mit dem Platz, noch einmal erläuterte ich, was ich hier realisieren wollte.

Vor meinem Auge sah ich das fertige Labyrinth. Die vielen Wege und Linien waren gut zu erkennen. Sitzend befand ich mich genau in der Mitte dieser Anordnungen. Wieder waren die Bilder meines Traumes gegenwärtig und ausschlaggebend für meinen Aktionismus.

In Gedanken und ein wenig flüsternd bat ich diesen Ort nochmals um Zustimmung und Unterstützung, letztlich verabschiedete ich mich mit den Worten: „Wenn hier an diesem Platz ein Labyrinth von mir gebaut werden kann und darf, bitte ich die Kräfte des Platzes und auch die, des geplanten Labyrinths um Unterstützung." Jeder, der schon einmal in einem Labyrinth war, wird mir zustimmen, dass an solchen Plätzen eine ganz besondere positive Stimmung herrscht. In Gedanken realisierte ich vor meinem inneren Auge mein Vorhaben. Als ich zu Hause ankam, berichtete ich meiner Familie von meinem Spaziergang. „... und nun wird man sehen, ob das Labyrinth und der Rosengarten mit meiner Idee einverstanden sind und sie für gut befinden."

Die anfänglich große Anspannung wich nach einigen Tagen der Normalität. Als ich schon kurze Zeit später an anderen Vorhaben weiterarbeitete, wurde ich von einer Dame aus den Reihen des Stadtrates telefonisch kontaktiert. Sie habe von meiner Idee erfahren und fände den Gedanken eines Labyrinths in Bad Tölz sehr bereichernd. In diesem Gespräch erfuhr ich, dass ihr Labyrinthe bekannt waren und sie sogar schon einmal eines besucht hatte. Sie berichtete, dass dies damals vor einigen Jahren schon ein besonderes Erlebnis war, an das sie sich gerne zurückerinnerte. Von ihr kam auch der Hinweis, dass ich mich mit den Verantwortlichen der Stadt zusammensetzen könnte, um mein Anliegen nochmals in einem persönlichen Gespräch zu erörtern.

Ich wollte hartnäckig bleiben und es noch einmal mit neuem Mut versuchen. „Unglaublich", dachte ich, „also doch – das Labyrinth und der Rosengarten entfalten ihre Kräfte und sind bei der weiteren Planung und vielleicht auch bei der Realisierung behilflich."

Sofort spürte ich die Kraft, die nun am Werk war und mich weiter antrieb. Schon am nächsten Tag wurde ich bei den vorgeschlagenen Personen vorstellig. Nur wenige Tage nach meinem nochmaligen Besuch des Kraftortes im Rosengarten waren meine Gesprächspartner von meinem Vorhaben nicht mehr abgeneigt, sondern tatsächlich eher positiv gestimmt. Mit weiteren Bildern sowie einigen Berichten und Auszügen aus Büchern gelang es mir schließlich, alle zu überzeugen. Passende, gute, überzeugende Argumente waren erforderlich. Auch die Verantwortlichen hegten nun keine Bedenken gegen den Bau dieses Labyrinths. Hier möchte ich besonders die Direktorin der Tourist Information Frau Britta Hohenreiter erwähnen. Sie war neugierig, offen für meine Idee und hatte großen Anteil daran, meine Pläne der Stadt näher zu bringen.

Dann wurde mir eine entscheidende Frage gestellt, über die ich noch gar nicht konkret nachgedacht hatte: „Haben sie einen Fertigstellungstermin?" Verdutzt nahm ich einen auf dem Tisch liegenden Kalender zur Hand und glitt mit dem Finger darüber. „Nun ja, wenn wir umgehend die Planungen vorantreiben und schon in einigen Tagen die Materialien ausgesucht und bestellt haben, diese rechtzeitig geliefert werden und ich auch einige Helfer organisieren kann, sollte der 1. Juli passen." Wie ich auf den 1. Juli kam, ist mir auch heute noch völlig unverständlich. Da blieben lediglich zwei Monate. Im Nachhinein stellte sich dieses Ziel als sehr sportlich heraus. Aber nun war der 1. Juli ausgesprochen – und das war auch gut so. Denn daran konnte sich von jetzt an alles Andere orientieren. Schließlich entstand die Idee, die Fertigstellung mit einem Eröffnungsfest zu feiern. Von meiner Gesprächspartnerin bei der Tourist Information kam auch der Vorschlag, den 1. Bürgermeister zu dieser Feier einzuladen. Und wieder schien die Kraft des Labyrinths zu wirken. Die Zusage des Bürgermeisters zur Eröffnung am 1. Juli war rasch fixiert. Überraschend schnell waren wir uns einig. Die Idee und der Funke der Begeisterung waren übergesprungen. Es folgten weitere Gespräche, in denen ich mein Vorhaben mit zusätzlichen Fotografien, Zeichnungen, Skizzen und Erläuterungen konkretisierte. Die Ausstrahlung und die Kraft des Labyrinths waren greifbar. Die Möglichkeiten, die sich für die Stadt sowie für die neu geplante Tölzer Kulturlandschaft in Verbindung mit dem

Vitalzentrum, dem Kurpark sowie des vielfältigen Freizeit- und Sportangebotes für eine neue Gesundheits- und Bewusstseinskultur auch im gesamten Park um das Labyrinth ergeben würden, beflügelte unsere Idee. Unser Vorhaben würde sich perfekt in die Ziele der zukünftigen Stadtentwicklung einfügen.

Die Ausführung

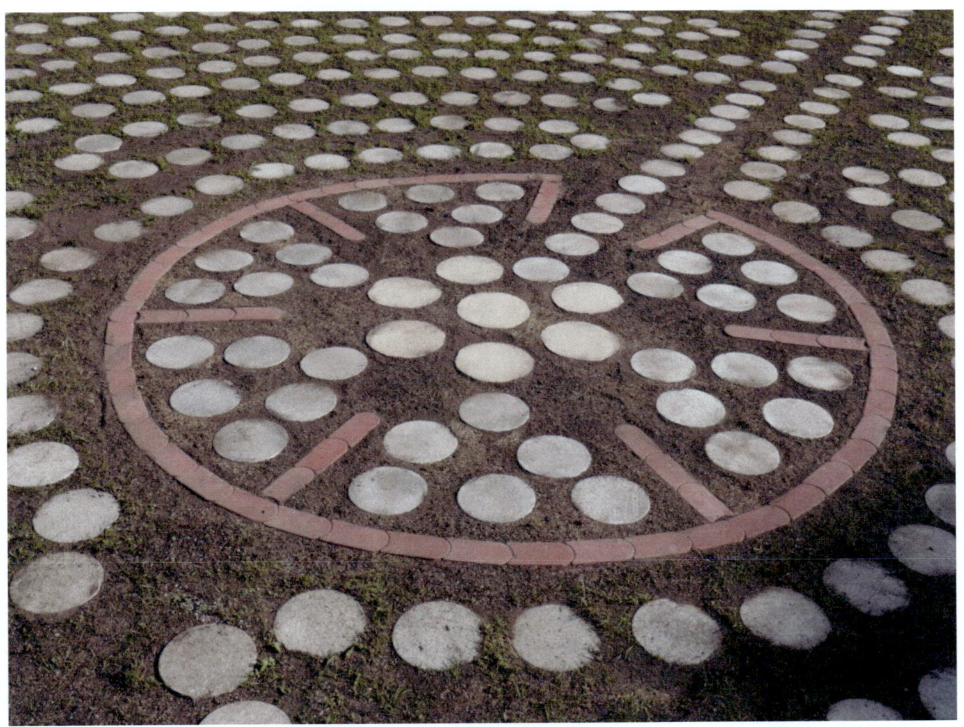

Das Labyrinth konnte und sollte gebaut werden! Schon in den darauffolgenden Tagen erarbeitete ich konkrete Pläne.
Einige Freunde, mit denen ich auf Exkursionen und Reisen bereits einige Labyrinthe und Kraftplätze besucht hatte, boten ihre Hilfe an. Wir erarbeiteten Entwürfe, Zeichnungen, Skizzen und Pläne zur Realisierung des Labyrinths sowie konkretisierte Listen zum Ablauf der auszuführenden Arbeiten und der für den Bau ausgewählten Materialien. Mit Unterstützung meiner Bekannten und einigen Helfern sollte es dann auch schon bald mit der Realisierung losgehen. Alle Kosten, bis auf die Materialkosten und eine kleinere Pauschale für Sonstiges, die für den Bau und die Durchführung sowie für die Bezahlung meiner Helfer erforderlich waren, wurden von mir getragen. Mir war es einfach wichtig,

dass dieses Labyrinth gebaut wurde. An dieser Stelle möchte ich mich nochmals bei Marlene, Willi, Werner, Schorsch, Christian sowie Tom und Gerd bedanken. Ebenso bei meiner Frau, die mich, wie schon so oft, bei meinen Vorhaben tatkräftig unterstützte. Ohne die Hilfe all dieser Menschen wären diese Arbeiten nicht zu bewerkstelligen gewesen. Auch die Helfer der Stadt sollen nicht unerwähnt bleiben.

Der Kalvarienberg, genau gegenüber des Rosengartens,
mit Blick auf die Stadt

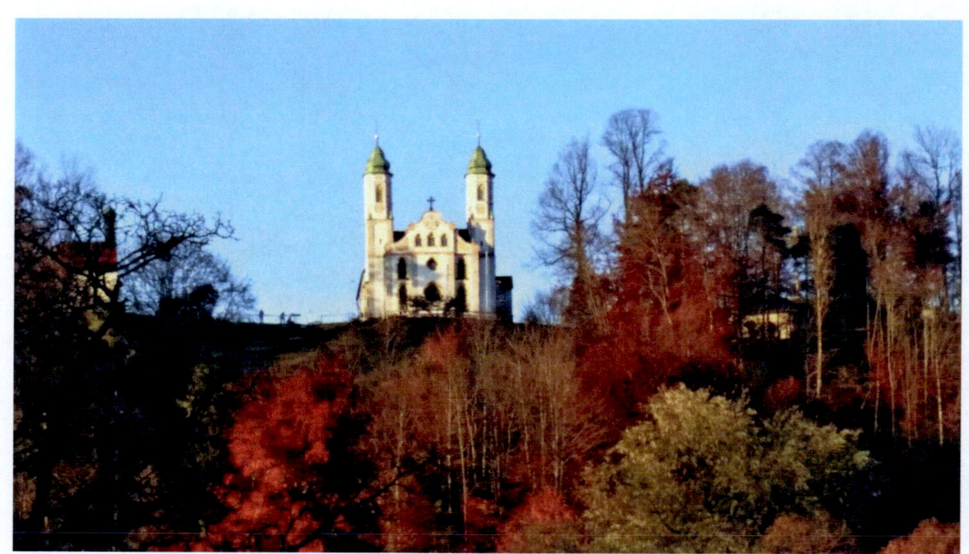

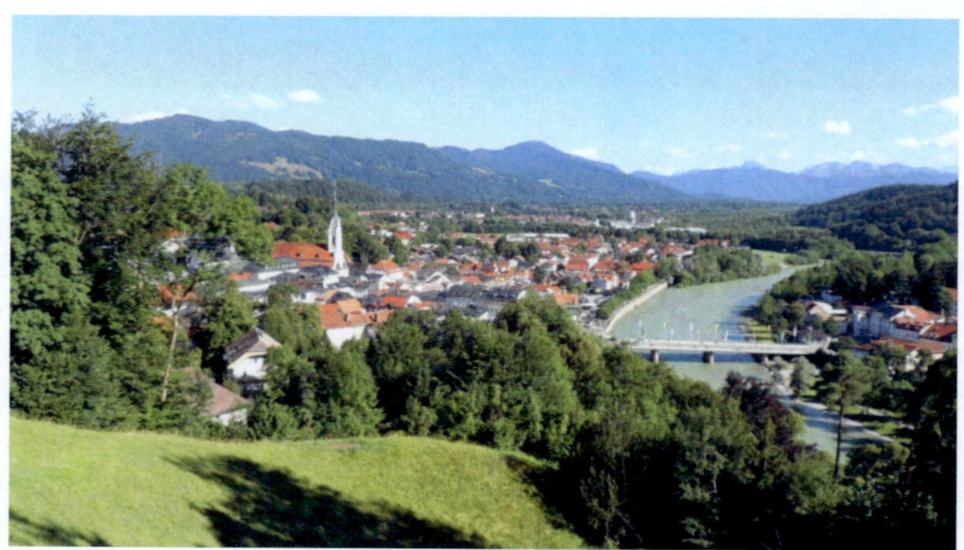

Im Rosengarten

Ich begab mich im Vorfeld der Arbeiten auch auf den Kalvarienberg und bekundete dort mein Anliegen, im Rosengarten, der von dort oben zu erahnen war, ein Labyrinth zu bauen.

Auch diesen Platz bat ich um Zustimmung für mein geplantes Vorhaben, denn es erschien mir wichtig, alle Kraftorte mit in den Bau und die Anlage des Labyrinths einzubeziehen. Meine Anfragen auf dem Kalvarienberg richteten sich dabei nicht an bestimmte Personen, sondern in Gedanken an den Platz dort oben an sich. Auch hier arbeitete ich nach altüberlieferten geomantischen Vorgehensweisen mit Pendel und Wünschelrute, um Antworten auf meine Anfragen zu erhalten.

Der Bau beginnt

Zunächst musste ich die Ausrichtung des Labyrinths festlegen. Die Linienführung vom Eingang hin zum Zentrum sollte sich an einem der kraftvollsten Plätze in Bad Tölz orientieren, dem auf der anderen Isarseite gelegenen Kalvarienberg. Bei der ersten Besichtigung des Rosengartens waren die Bäume fast ohne Blätter, so dass die Luftlinie zum Kalvarienberg gut zu erkennen war.

Nachdem die großen Bäume, die den Rosengarten säumen, wenige Wochen später aber ihre Blätter voll entwickelt hatten, war die Verbindungslinie mit dem Auge zum Kalvarienberg nicht mehr auszumachen. So griff ich auf die Wünschelrute zurück. Zunächst legte ich damit die Mitte des geplanten Kraftplatzes fest. Die Ausrichtung des Eingangs des späteren Labyrinths habe ich ebenfalls mit der Wünschelrute fixiert. Um den festgelegten Mittelpunkt des Labyrinths herum, markierten wir, zur Orientierung mit einem Kreidewagen, den ich beim örtlichen Fußballverein ausleihen konnte, durch den ganzen Garten, Linien in den vier Himmelsrichtungen. Den Plan des Architekten Werner Trost vergrößerten wir maßstabsgetreu und transferierten ihn auf die Grünfläche. So entstanden die ersten Linien der angedachten konzentrischen Ringe. Es folgte das Vermessen und Aufzeichnen der ersten Kreise, wobei wir zunächst einfache Markierungen mit Kreide verwendeten. Hierbei mussten wir sehr aufpassen, nicht durcheinander zu kommen. Schließlich waren zahlreiche Punkte, Rundungen, Markierungen und Striche auf der Rasenfläche zu sehen. Um

den Überblick zu behalten, hatten wir eine große Leiter aufgestellt. Von oben betrachtet wurde das Ganze überschaubarer.

Schnell war der erste Tag vergangen. Es war noch wenig zu sehen, aber wir waren zuversichtlich.

Am nächsten Morgen begann ich mit der Arbeit bereits um sechs
Uhr. Für den Nachmittag war Regen angesagt.

Erste Planungen und Abstandsmessungen der Bodenplatten

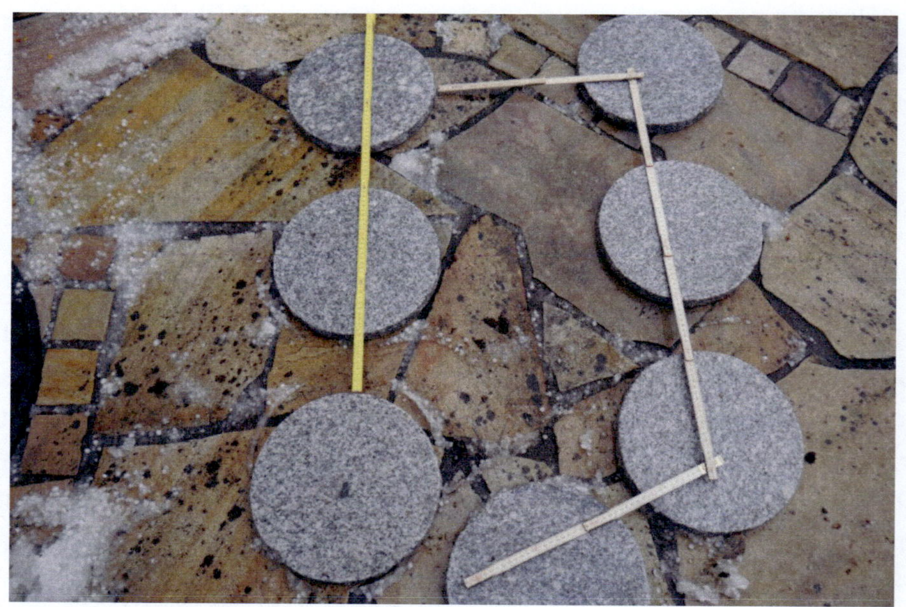

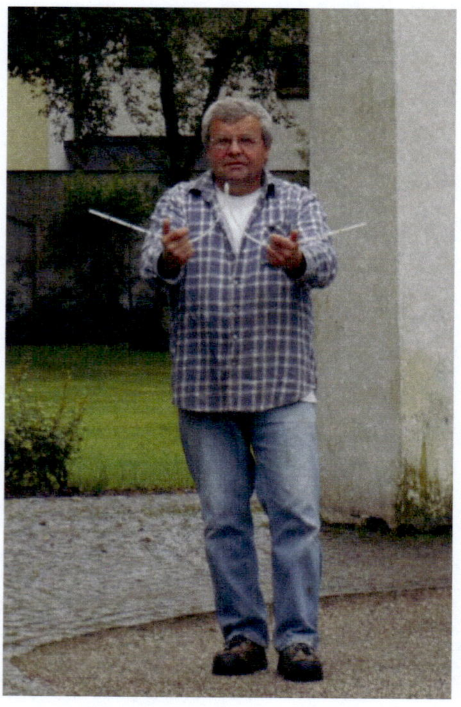

*Arbeiten mit der Wünschelrute, die
Mitte und die Ausrichtung
des Labyrinths wird festgelegt.*

Die ersten Linien wurden mit dem Kreidewagen gezogen.

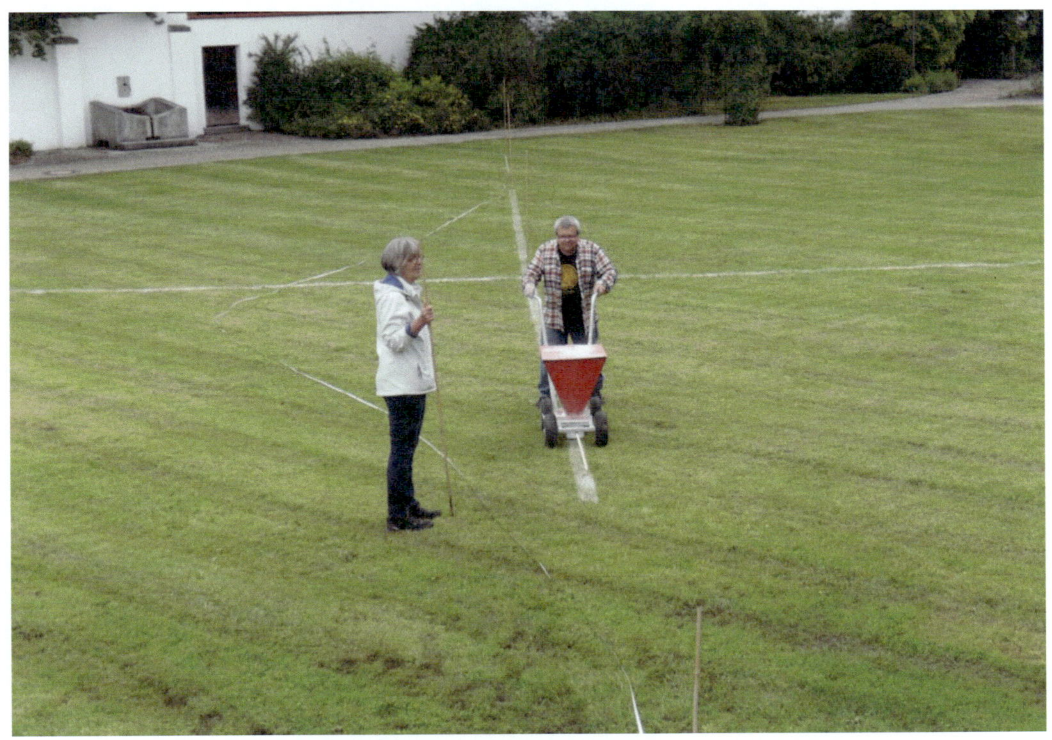

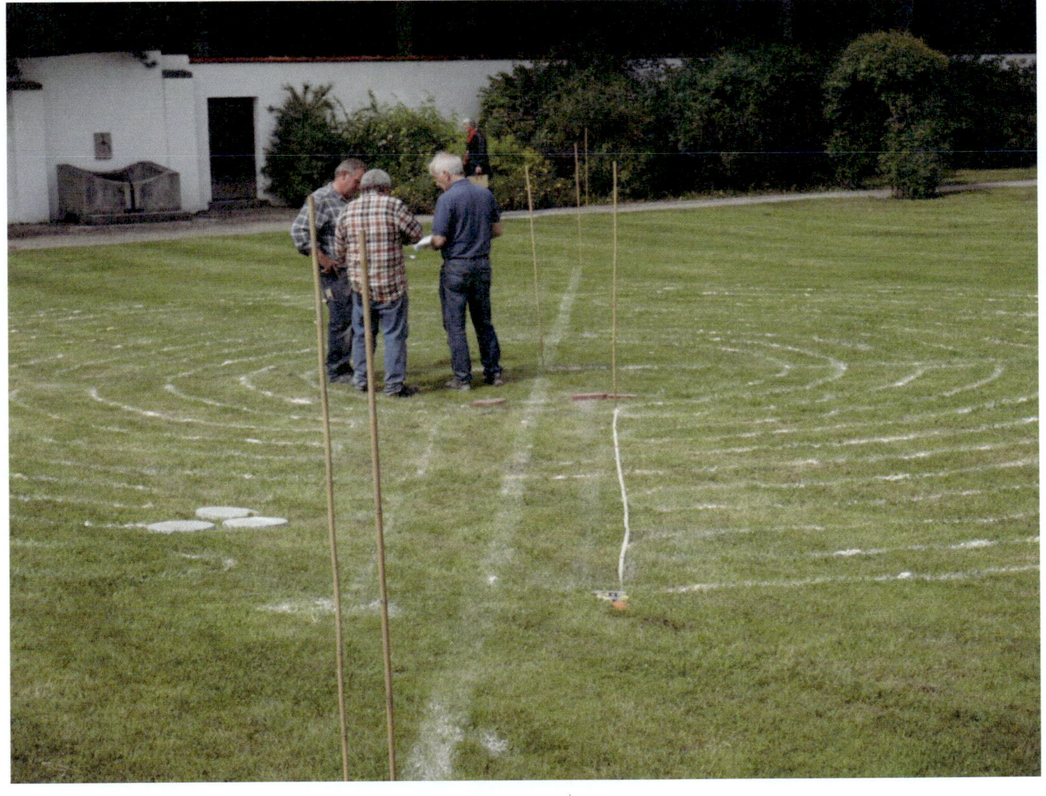

Alles orientiert sich an der Mitte, dem Zentrum, welches mit der
Wünschelrute festgelegt wurde.

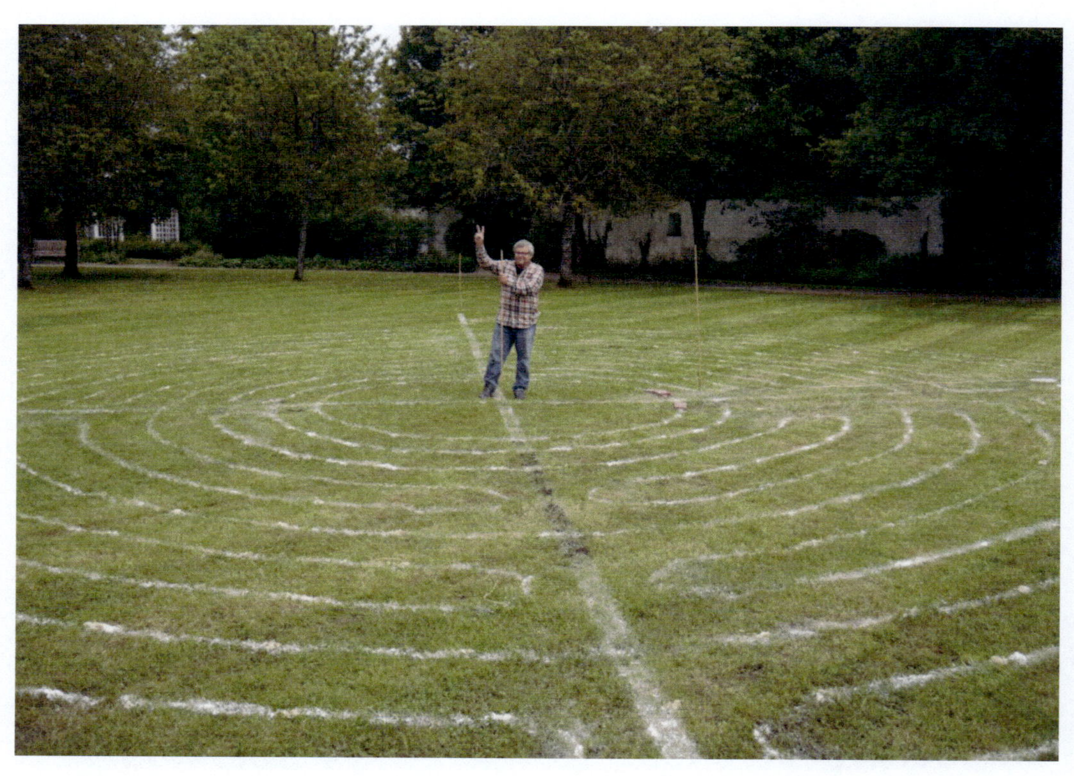

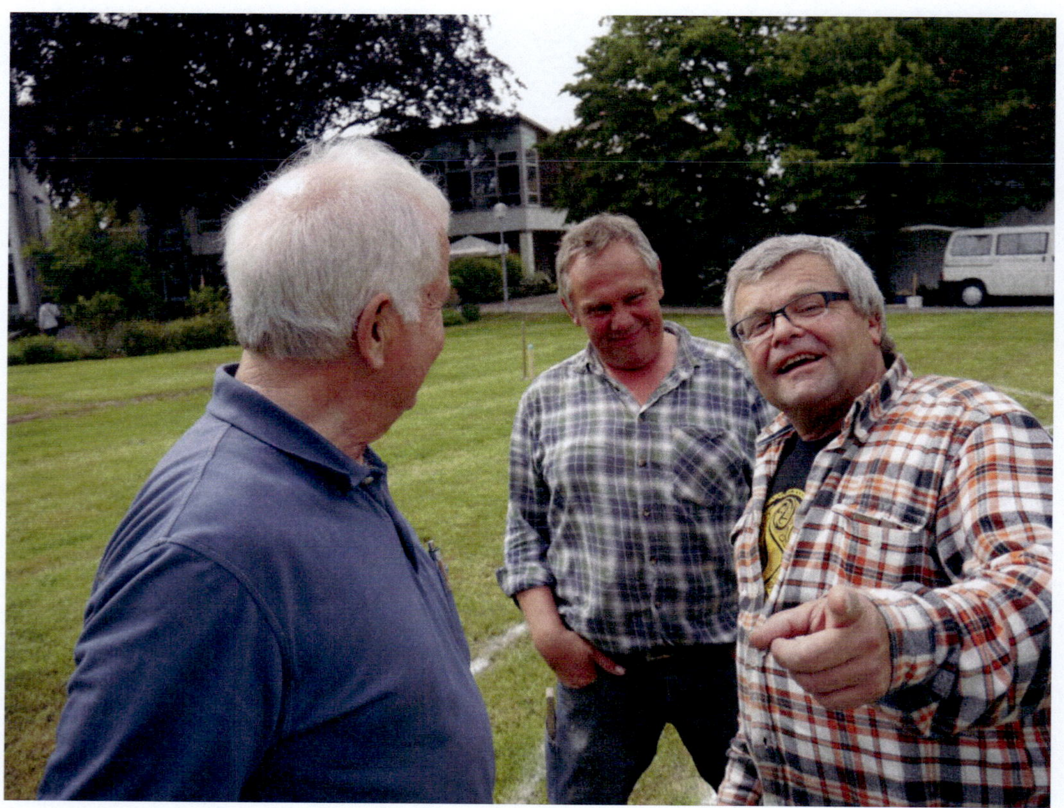

Willi, Schorsch und Paulo bei der Besprechung

Was ich nicht bedachte, war, dass meine Markierungen nur bedingt wasserfest waren. Auch das spätere Markieren der über 900 Steinpunkte wollte ich nicht mit Markierungsfarbe, sondern mit Naturmaterialien machen. Da keine schädlichen Stoffe in die Erde gelangen sollten, wurden Kreide, Kalk und Sägespäne verwendet. Was allerdings den Nachteil hatte, dass bei Regen unsere Markierungen verschwunden waren. Nun gut, wir haben sie also am nächsten Tag nochmals mit Kreide nachgezeichnet.

Im Laufe der Arbeiten, die sich über vier Wochen erstreckten, wurden unsere Striche und Punkte mehrmals weggeschwemmt. Regen, hochsommerliche Temperaturen und Schauer wechselten.

Aber immer noch kein Zeichen für mich, auf Markierungsfarbe zurückzugreifen oder meinen Plan zur Realisierung des Labyrinths in irgendeiner Form zu überdenken. Ich verstand es eher als einen Test, wie ernst es mir mit dem Bau des Ganzen war.

Nachdem die konzentrischen Kreise aufgezeichnet und mit Kreide markiert waren, zeichnete ich die Wendungen und auch das Zentrum des Labyrinths ein.

Nun begann die handwerkliche und tatsächlich auch körperlich schwere Arbeit. Einige meiner Mitarbeiter und Bekannten, wie etwa Werner, Marlene und Willi, Schorsch, Christian, Gerd und Tom, waren mir bei der Umsetzung sehr behilflich. Entlang der Ringe haben wir in einem Abstand von etwa 50 Zentimetern Punkte markiert. An diesen Punkten wurde dann genau passend zu den später aufzulegenden Steinplatten die vorhandene Rasenfläche abgetragen. Die darunter befindliche Erde haben wir abtransportiert. Im Laufe meiner Arbeiten wurde ich immer wieder zu Tierrettungsaktionen gerufen. Die beim Graben zum Vorschein gekommenen Käfer und Würmer habe ich behutsam aufgelesen und in der Nähe wieder an einem sicheren Platz in die Freiheit entlassen. Unter allen Umständen wollte ich vermeiden, dass irgendeine Lebensform durch unsere Tätigkeit zu Schaden kam. Dafür erntete ich manch mitleidiges und unverständliches Kopfschütteln. Egal, es ging darum, einen Kraftplatz entstehen zu lassen.

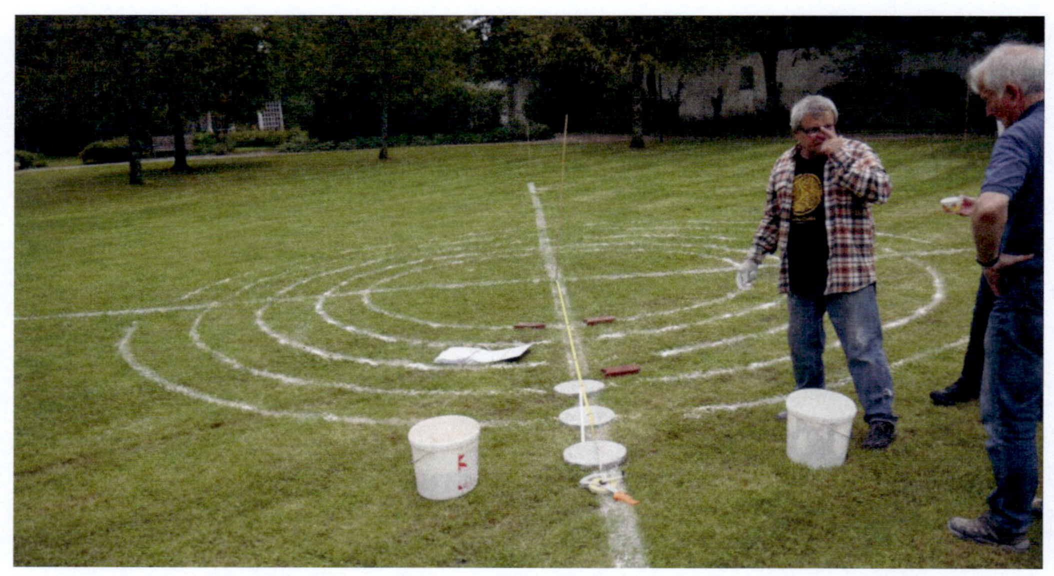

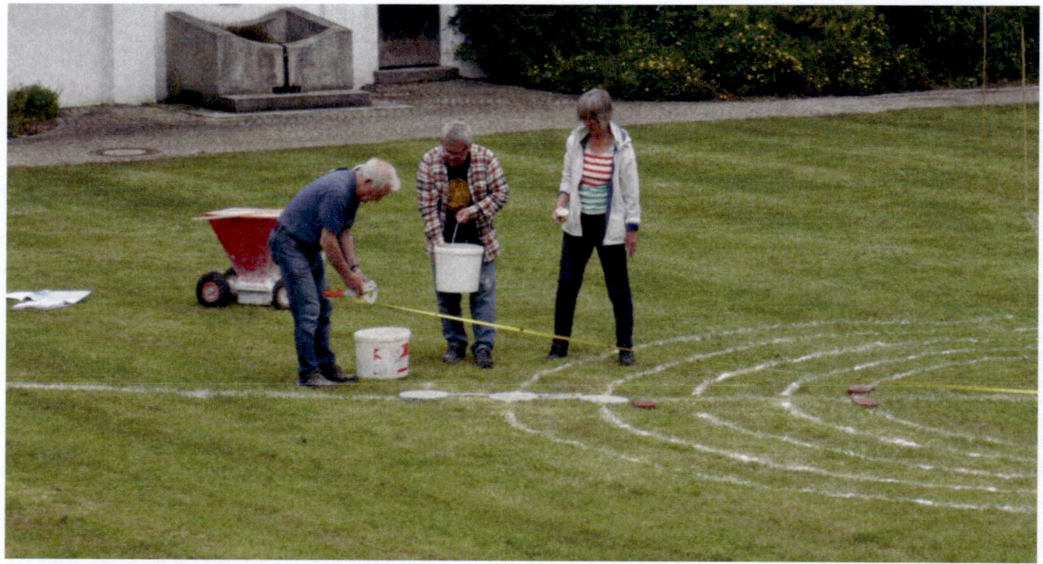

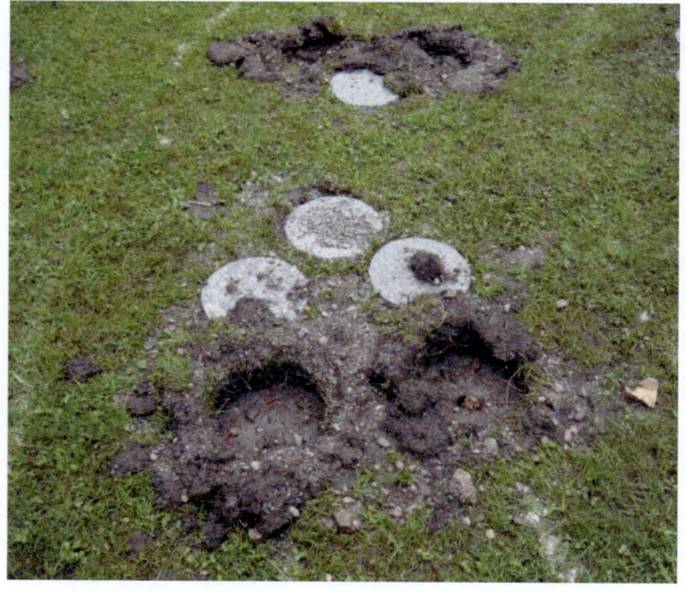

Die ersten konzentrischen Kreise wurden mit Kreide aufgezeichnet.

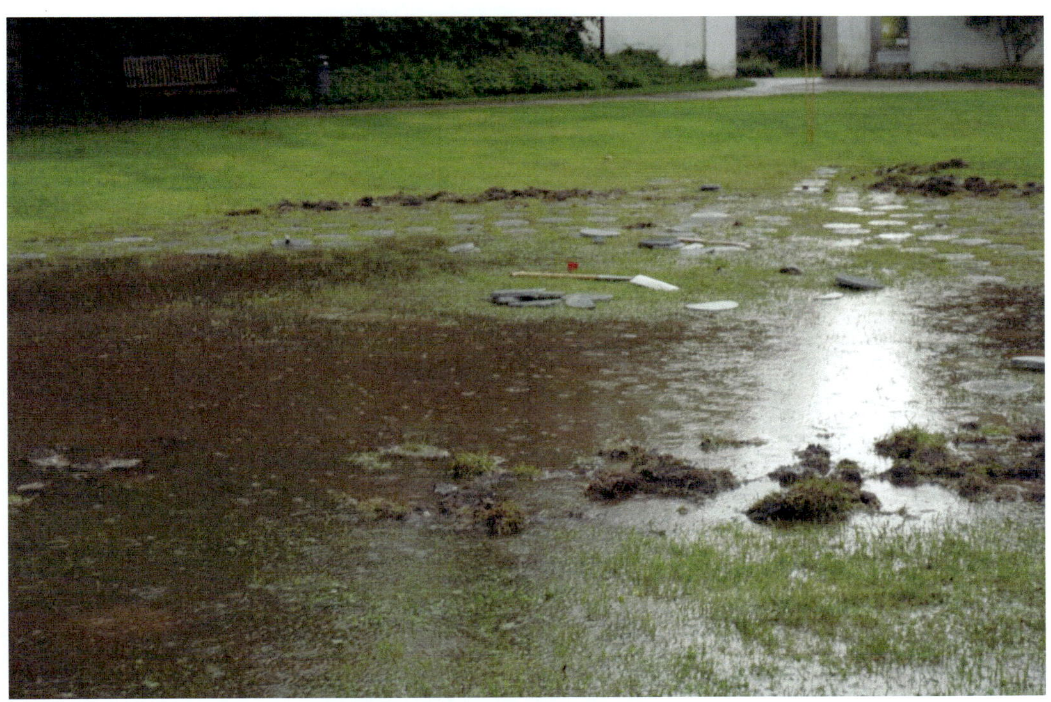

Heftige Gewitter setzten den Platz unter Wasser.

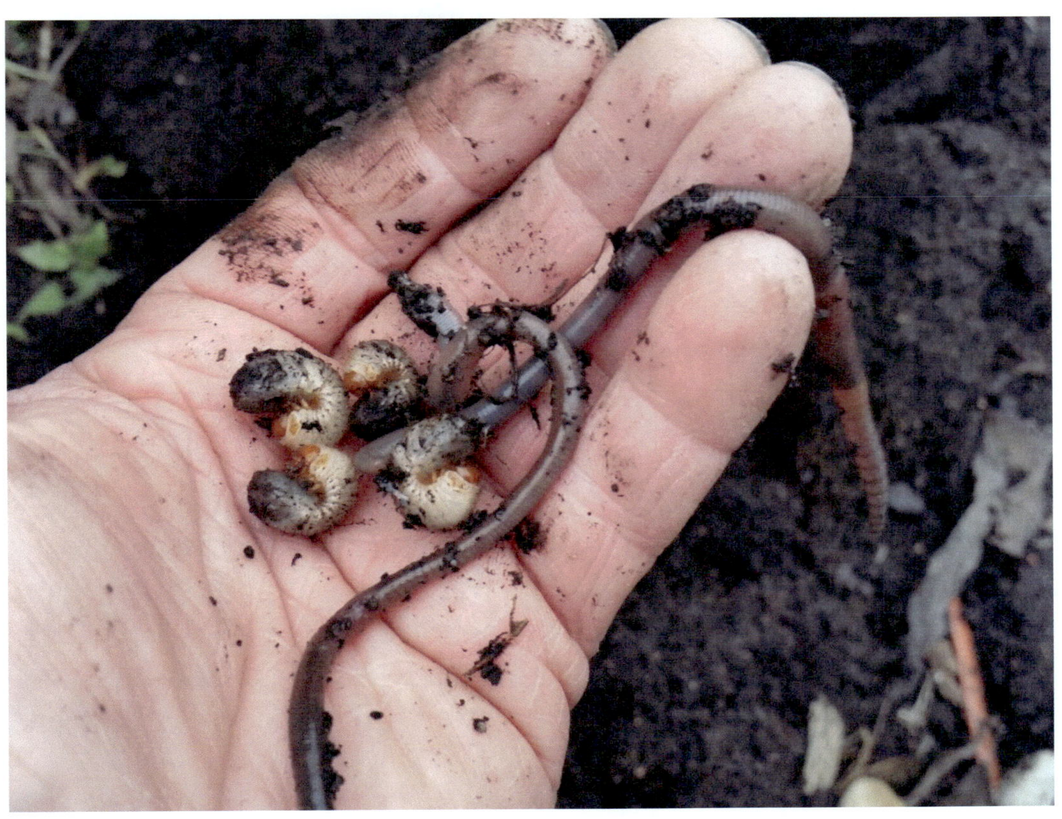

Tierrettung, Würmer, Raupen und Käfer wurden vorsichtig geborgen.

Der Aushub aus den unzähligen Erdlöchern wurde per Hand mit der Schubkarre abtransportiert. Auch hier wollte ich nicht mit größeren Maschinen die Erde verdichten und Kleintiere zerquetschen.

Die runden Löcher haben wir mit Kies und Splitt aufgefüllt, diese Materialien dann von Hand verdichtet und die Ränder der ausgehobenen Löcher abschließend gereinigt – wobei ich von Freunden tatkräftig unterstützt wurde. Schorsch war mit dem Aushub beschäftigt. Christian und Gerd verfüllten die Löcher und schafften die Steinplatten heran. Zeitweise hatten wir noch weitere Helfer.

Alles lief wie am Schnürchen – ein Zeichen für mich, dass wir auf dem richtigen Weg waren. Die Paletten mit den Steinplatten wurden am Tag der Lieferung am Wegesrand neben der geplanten Baustelle des Labyrinths abgesetzt. Am Abend vor dem Einsetzen der Steinplatten an ihren vorbestimmten Platz bekundete ich den Steinmassen gegenüber meinen Dank und erzählte, was wir mit ihnen vorhatten und zu welcher Formation wir sie verlegen wollten.

Vor dem Verlegen der Steinplatten wurde eine Neutralisierung bzw. eine Reinigung und Befreiung von allen anhaftenden Fremdschwingungen über die Platten vorgenommen. Beim Verlegen und Einbetten der Steinplatten haben wir jede einzelne der über 900 Platten mit der Hand abgerieben, um sie sozusagen auch in Gedanken energetisch zu reinigen und zu neutralisieren. Hier an ihrem Bestimmungsort sollten durch die Form des späteren Labyrinths, die Struktur, die Ausrichtung und den Platz nur die, dem zukünftigen Labyrinth innewohnenden Kräfte und Schwingungen wirksam sein.

Oftmals bekundete ich während der Bauarbeiten meine Dankbarkeit, nicht nur gegenüber dem Rosengarten oder den Materialien, sondern auch gegenüber allen, die mit dem Bau und der Planung des Platzes zu tun hatten. Hierzu gehörten auch diejenigen, die im Vorfeld mit der Herstellung der Materialien, des Schotters, des Kieses und nicht zuletzt der Steinplatten betraut gewesen waren.

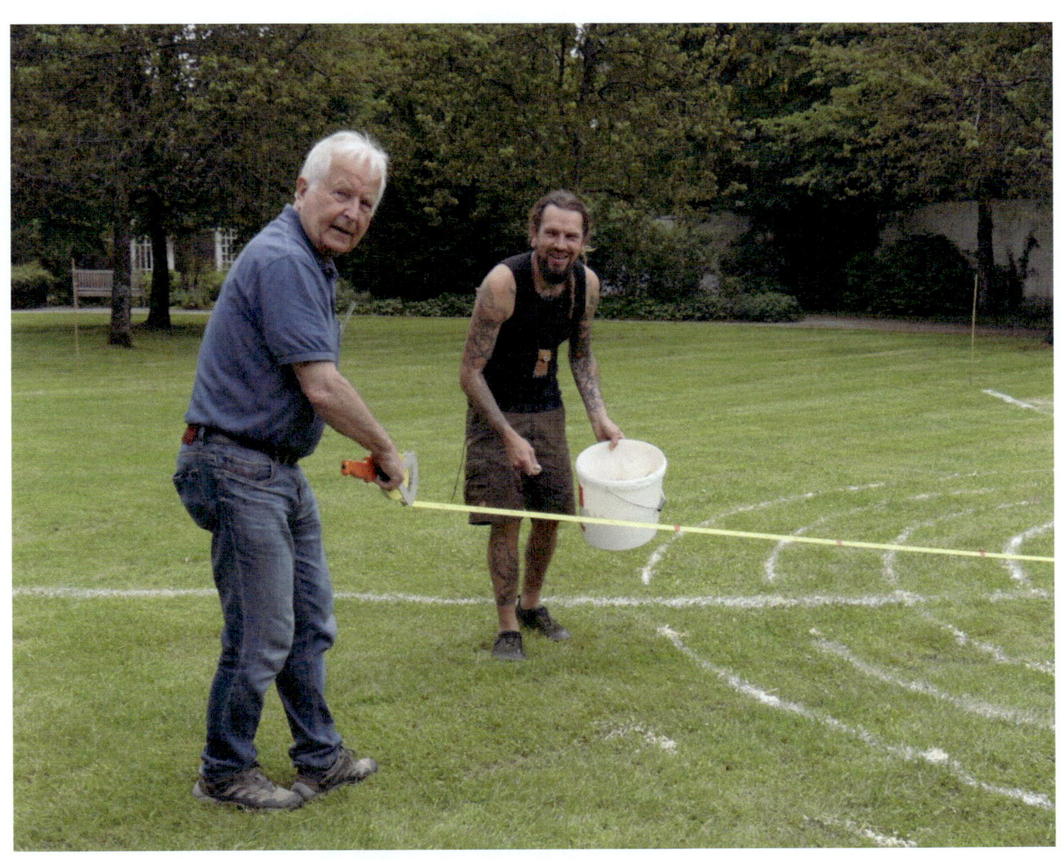

Willi und Christian

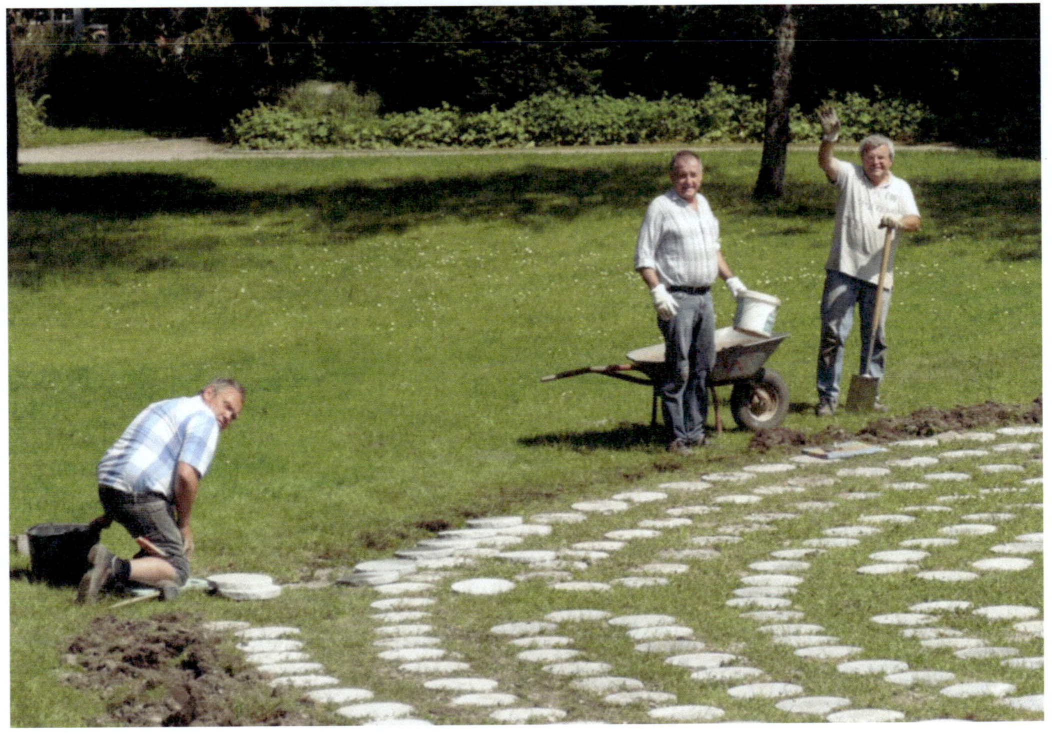

Die Arbeiten schreiten voran. Schorsch, Gerd und Paulo

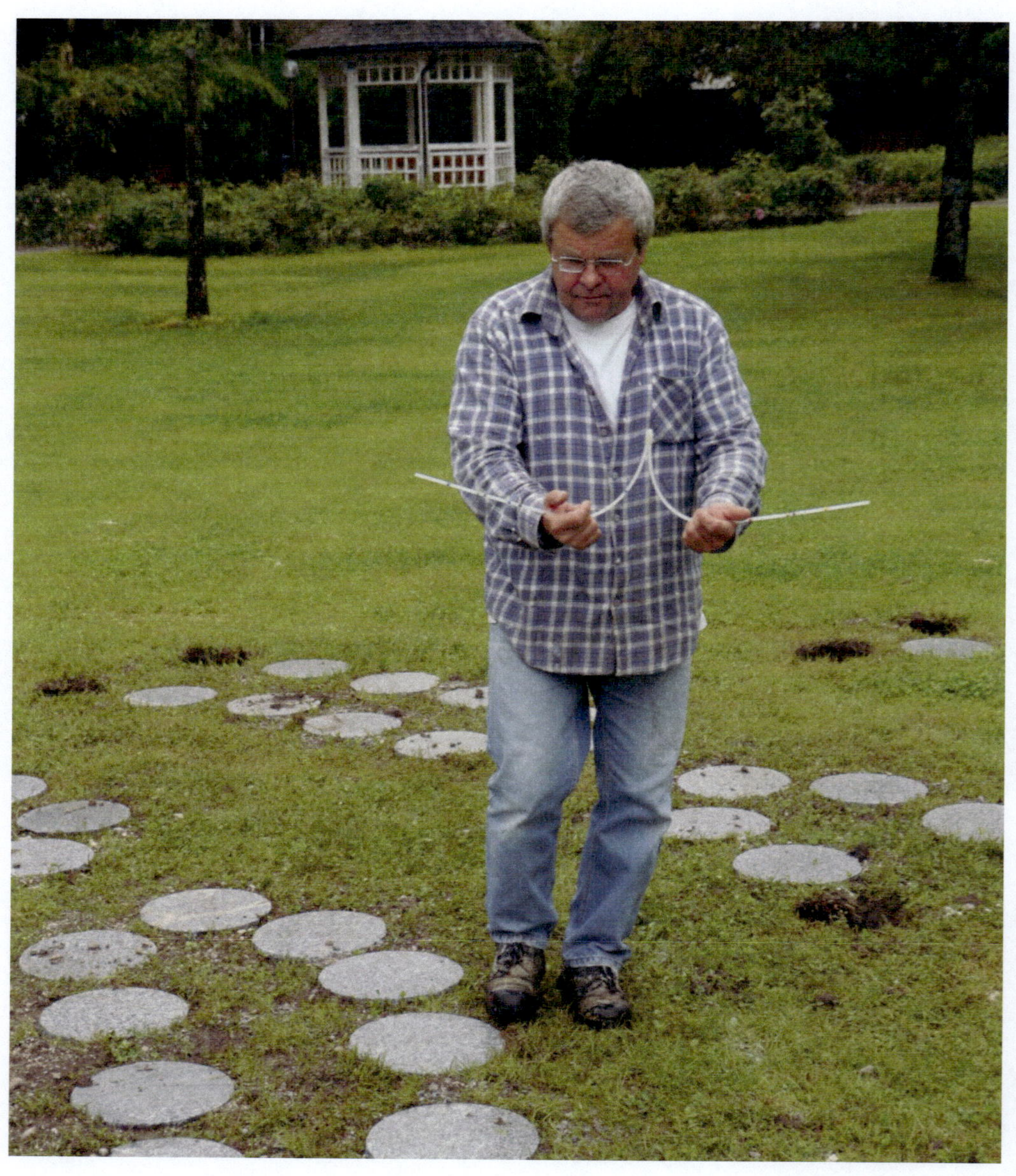

Vorsorglich bedankte ich mich auch bei allen Wesenheiten und Kräften, die uns in unserem Tun unterstützten. In meiner Vorstellung sah ich das fertige Labyrinth. Ich sah viele Leute und Kinder, die sich hier aufhielten. Sie feierten, lachten, waren vergnügt, aber auch oftmals nachdenklich und ruhig unterwegs auf den Steinplatten des Labyrinths.

Auf den nächsten Seiten folgen weitere Eindrücke der Arbeiten.

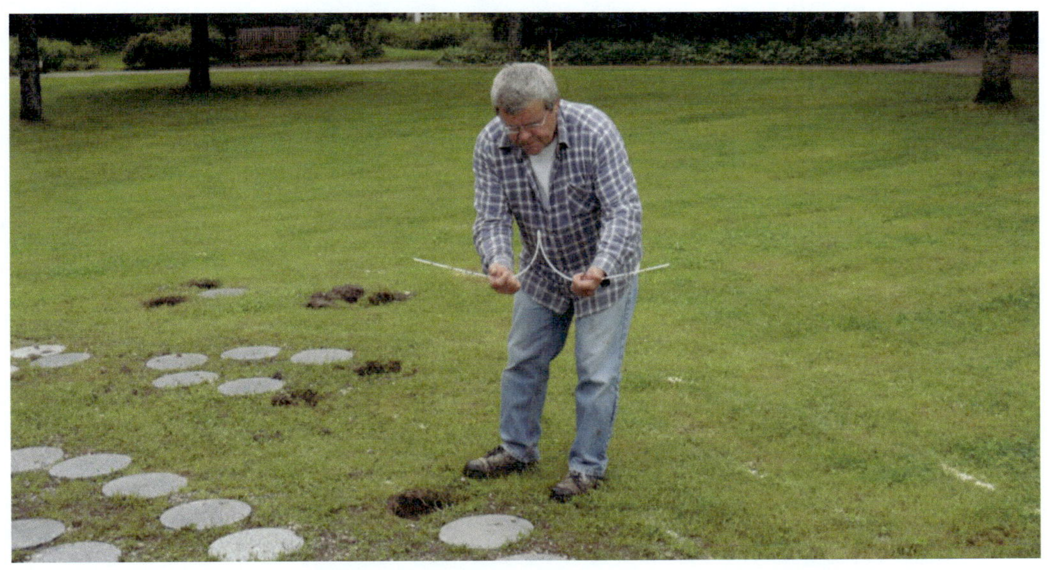

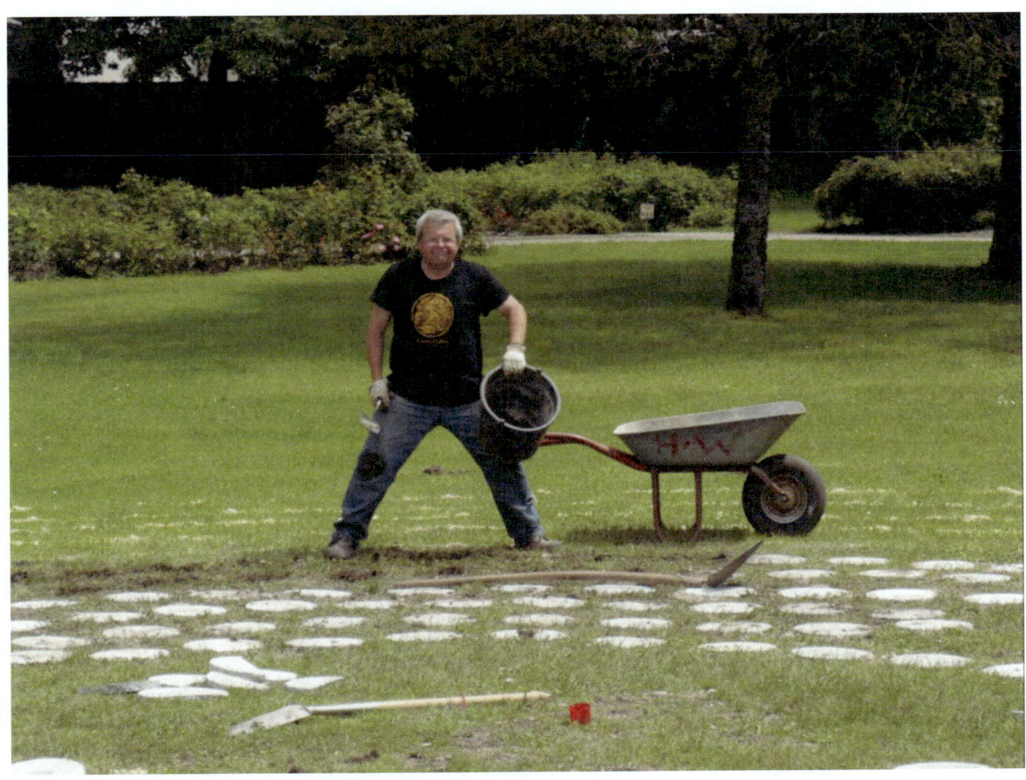

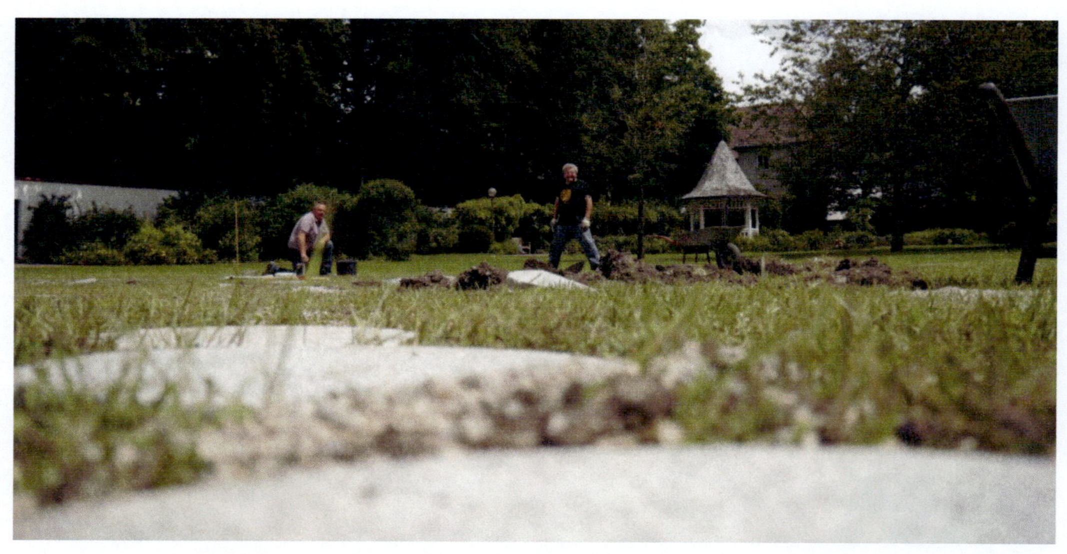

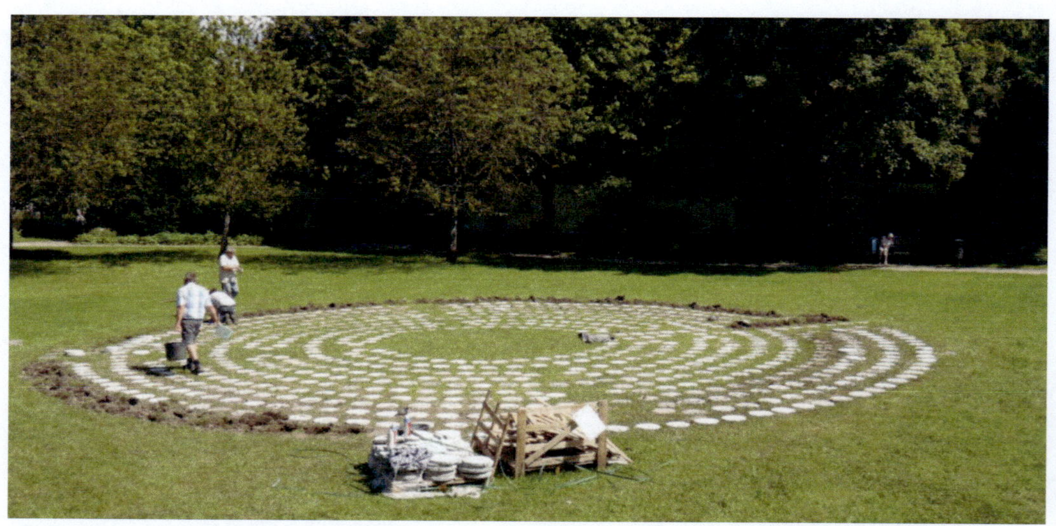

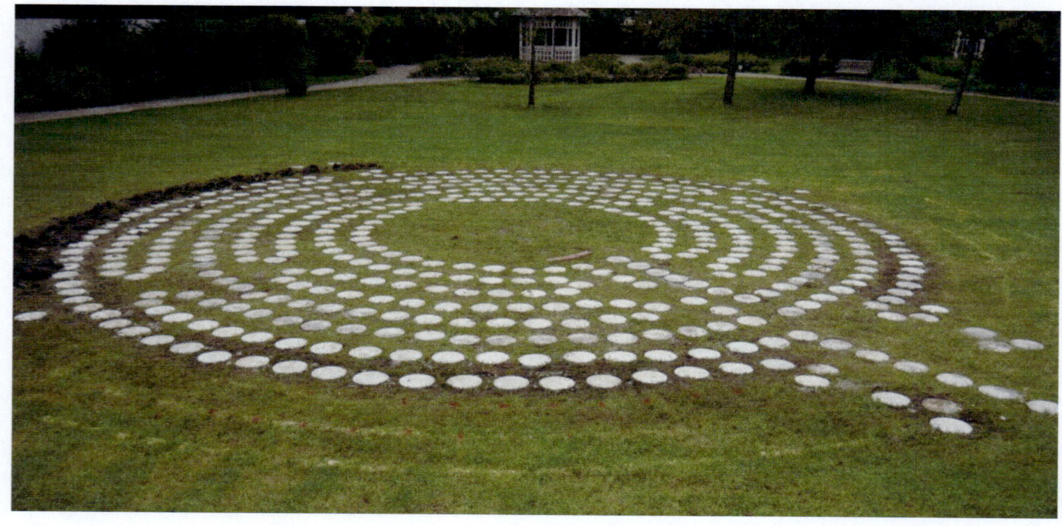

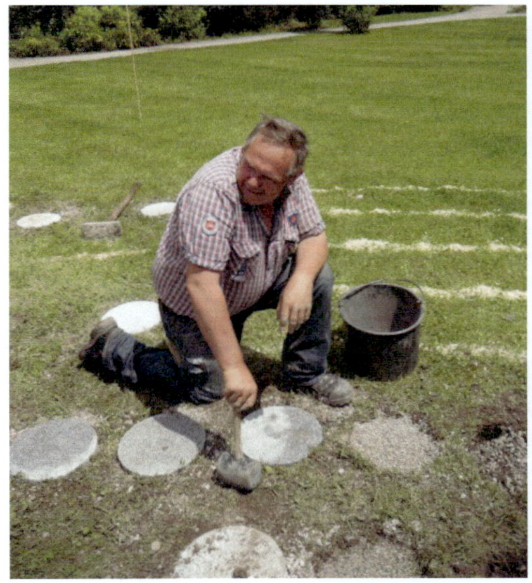

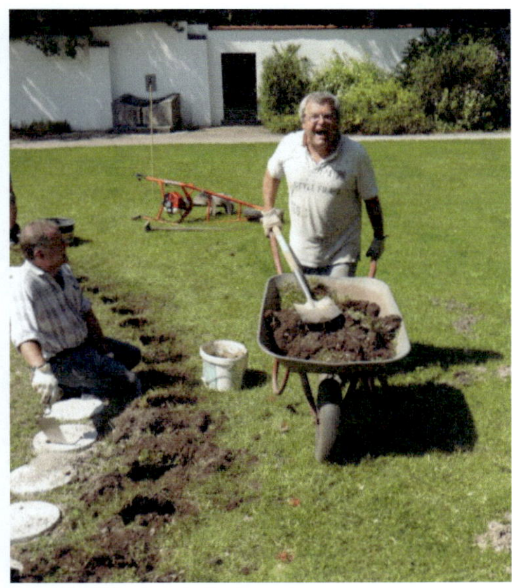

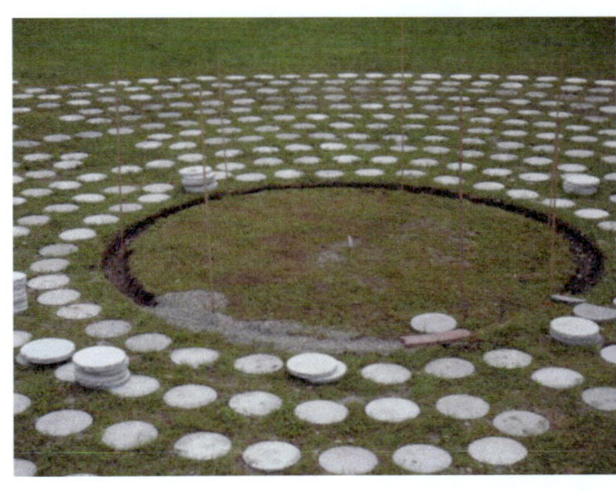

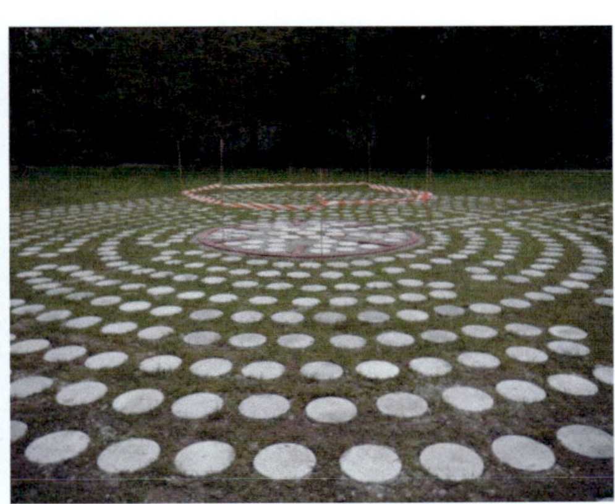

Schorsch, Gerd und Paulo. Wir hatten viel Spaß.

Natürlich trägt auch eine gute Verpflegung zum Gelingen bei.

Paulo, Willi und Marlene.

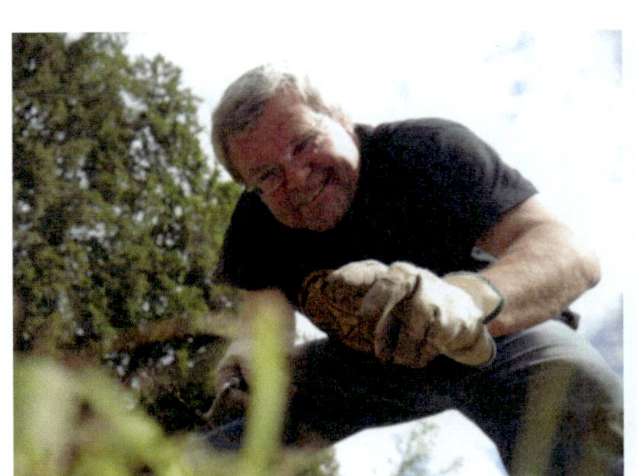

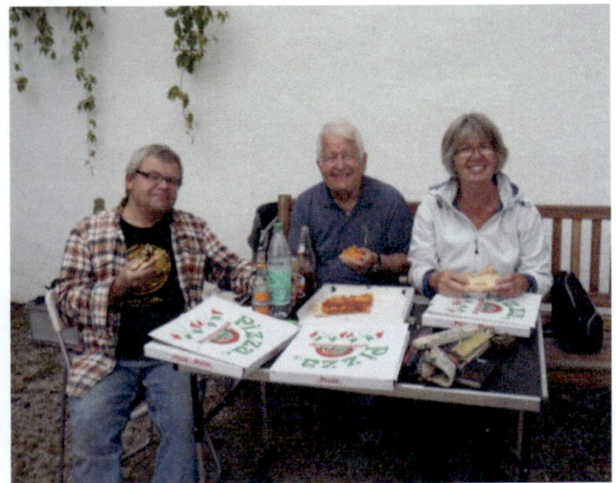

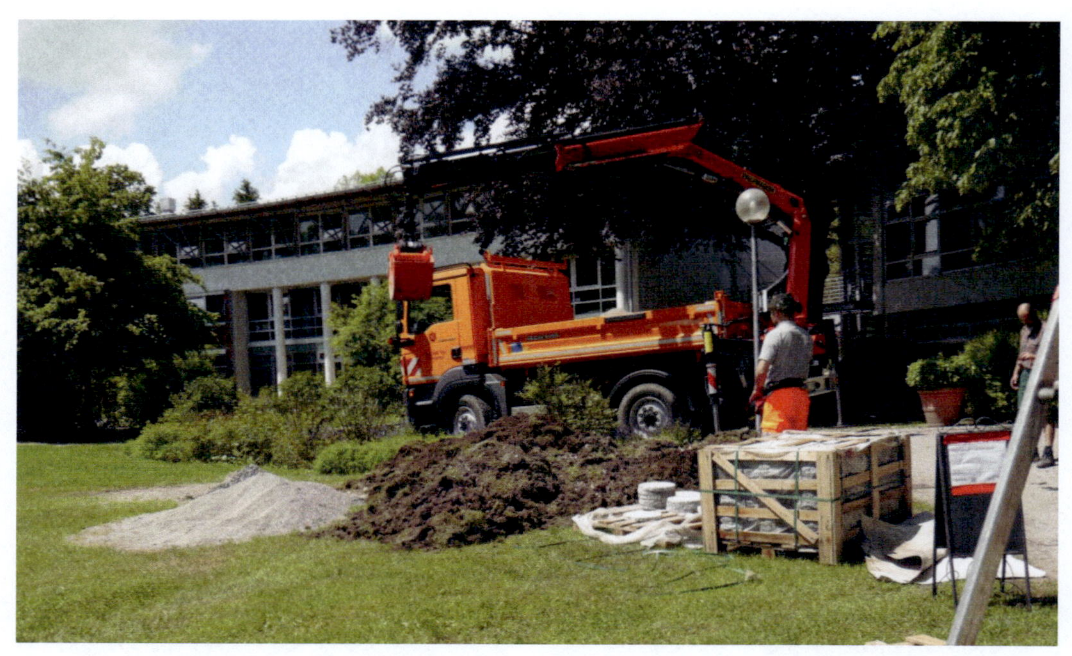

Auch die Mitarbeiter der Stadt waren behilflich.

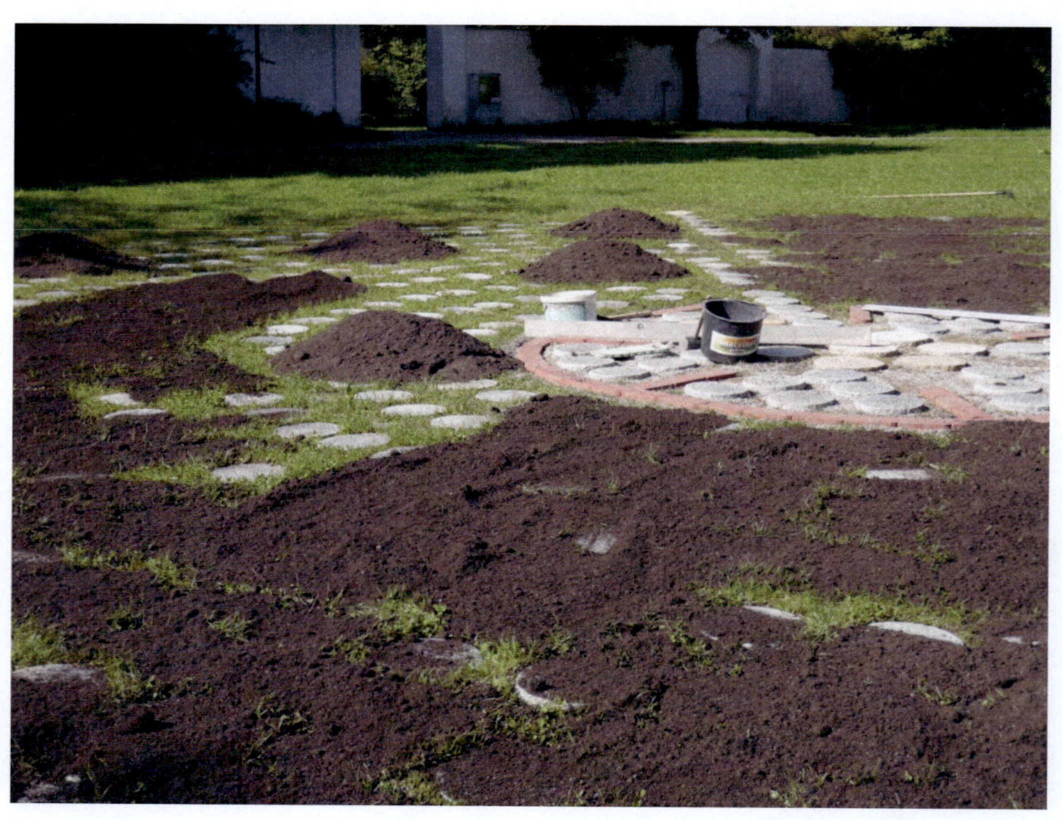

Nun wurde über das gesamte Areal nochmals ganz feine Erde verteilt und Gras angesät.

Die Eröffnung

Dann rückte er immer näher, der anvisierte Fertigstellungstermin mit der Eröffnungsfeier. Alles lief reibungslos: Die Lieferungen der jeweiligen Materialien, meine Helfer, die sich die Zeit nahmen, hier tatkräftig mit anzupacken, die Organisation der Feier, zu der der Bürgermeister seine Anwesenheit angekündigt hatte – einfach alles. Dieser Platz sollte entstehen.

Und schließlich war es endlich so weit. Wenige Tage vor dem 1. Juli waren wir fertig. Tatsächlich waren genau 100 Tage von der ersten Idee bis zur Eröffnungsfeier vergangen.

Wir hatten Glück, der frisch eingesäte Grassamen wurde wenige Tage zuvor von einigen sanften, lauwarmen Regengüssen gut eingewässert und schon nach kurzer Zeit sprießte frisches Grün.

Schon sehr bald sollte das Labyrinth mit einem Festakt eingeweiht werden. Das Musikensemble „Die Klang-Poeten" begleitete die Feier musikalisch. Besonders die harmonischen Klänge von Harfe, Hapi und Klangschalen umrahmten diese Eröffnungsfeier. Die Stadt Bad Tölz übernahm das Catering.

An dieser Stelle möchte ich mich nochmals bei dem 1. Bürgermeister von Bad Tölz, Herrn Josef Janker, und der Direktorin der Tourist-Info, Frau Britta Hohenreiter bedanken.

Von Anfang an war ich mir sicher, dass hier ein Platz der Begegnung entstehen sollte und wird. Während der Arbeiten reiften meine Vorstellungen und Wünsche.

In den alten Aufzeichnungen und Büchern über Labyrinthe las ich, dass früher ein Labyrinth ein ganz besonderer Platz war, ein Ort der Begegnung, der Gespräche, des Singens des Tanzens. Es wurden Versammlungen abgehalten. In manchen Gegenden wurde das Labyrinth auch für besondere Eingebungen und Rechtsprechungen genutzt.

Dieses Labyrinth sollte ein Kraftplatz sein – soweit mein Wunsch. Genauso sollte es sein. Ein Platz der Begegnung und Begehung sollte es werden.

Das bestätigte sich während meiner gedanklichen fortlaufenden Anfragen an den, für das zukünftige Labyrinth, vorgesehen Platz. Dabei ist anzumerken, dass auch die Form, also das Muster des

Labyrinths, nach Aussagen eines mir bekannten Ingenieures für Mess- und Radartechnik eine Antennenstruktur aufweist.

Der Begriff Antenne bedeutet das Senden und Empfangen von Signalen. Es war also nicht verwunderlich, dass das neue Labyrinth und die in der Nähe befindlichen Kraftplätze eine Art Kommunikation aufbauten. Insbesondere der nahe gelegene Kalvarienberg, der einen besonderen Kraftplatz darstellt, ist hier nochmals zu erwähnen. Wer nun von wem profitier,t in Bezug auf die einzelnen Kraftorte, ist dabei völlig unerheblich.

An einem frühen Morgen durch das Labyrinth zu gehen oder sich dort einfach nur aufzuhalten, ist ein einmaliges Glücksgefühl. Jeder Wünschelrutengeher wird mir beipflichten, dass es sich um einen Platz mit einer sehr hohen, positiven Grundschwingung handelt. Zukünftig wollte ich mit verschiedenen Veranstaltungen in dem nun entstehenden Labyrinth an alte Traditionen anknüpfen. Früher wurde das Labyrinth als ein Ort für Begegnungen, Tanz und Gespräche sowie als Festplatz genutzt.

Aus diesem Grunde begann ich nach Fertigstellung des Labyrinths bereits im Jahr 2016 mit verschiedenen Veranstaltungen wie Begehungen, Begegnungen, Konzerten, Trommelstunden, Meditationen, Lesungen und Vorträgen, Tai Chi- und Qi Gong-Kursen, ebenso wie gemeinsamen Picknick-, Sonnwend- und Erntedank-Festen. Der Erfolg dieser Veranstaltungen sollte mein weiteres Bestreben in dieser Hinsicht unterstützen.

„So darf ich jeden herzlich einladen, hier an diesem besonderen Platz mit Phantasie und Kreativität aktiv zu werden. Gerne bin ich auch dabei behilflich, indem ich allen Interessierten die Nutzung eines solchen Kraftortes ausführlich erläutere."

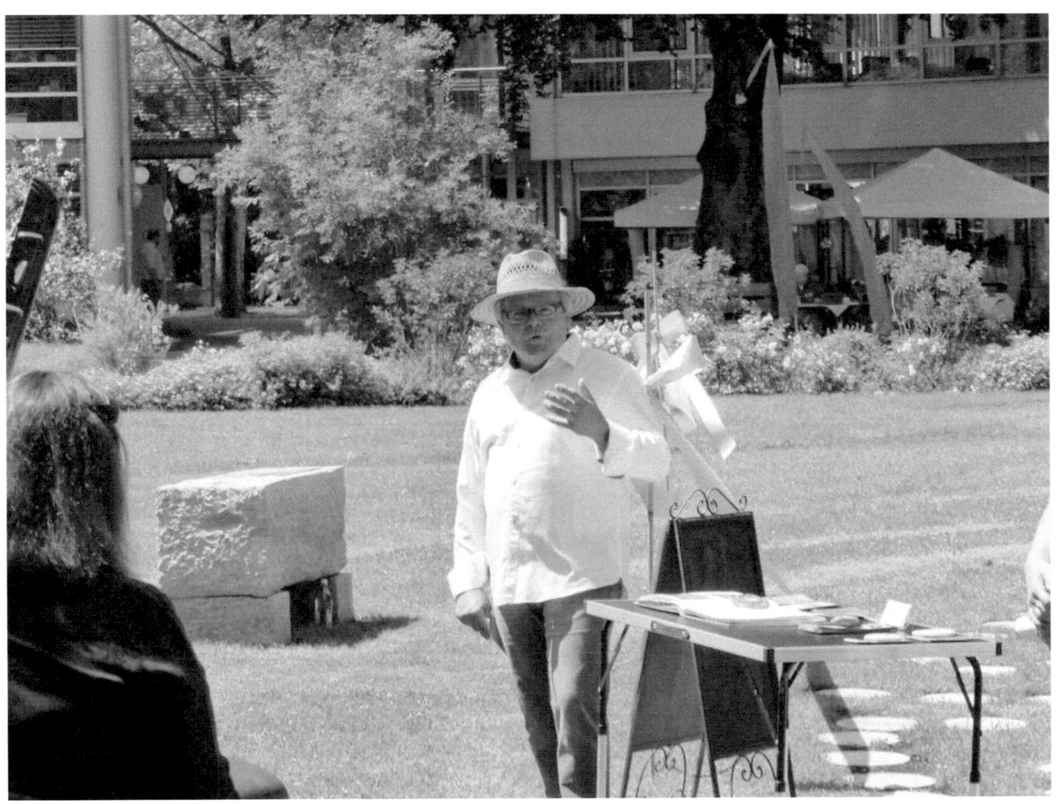

Paulo bei der Eröffnungsrede

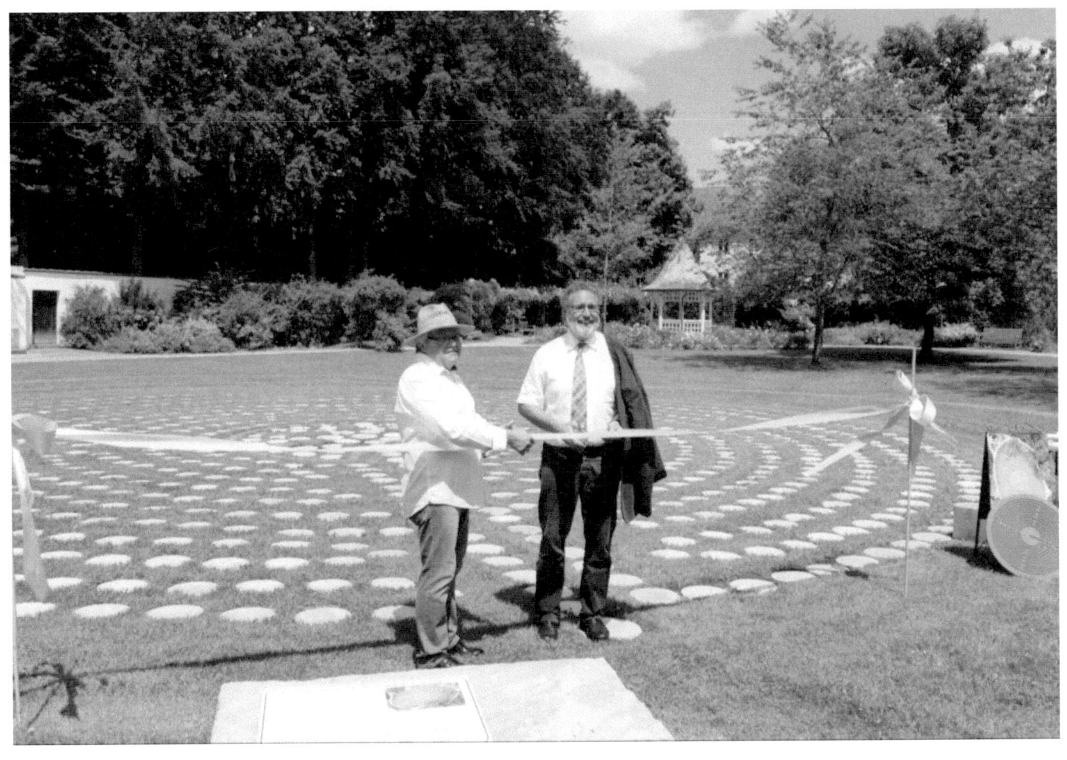

*1. Bürgermeister Josef Janker und Paulo beim Durchtrennen der
Schleife – das Labyrinth ist eröffnet.*

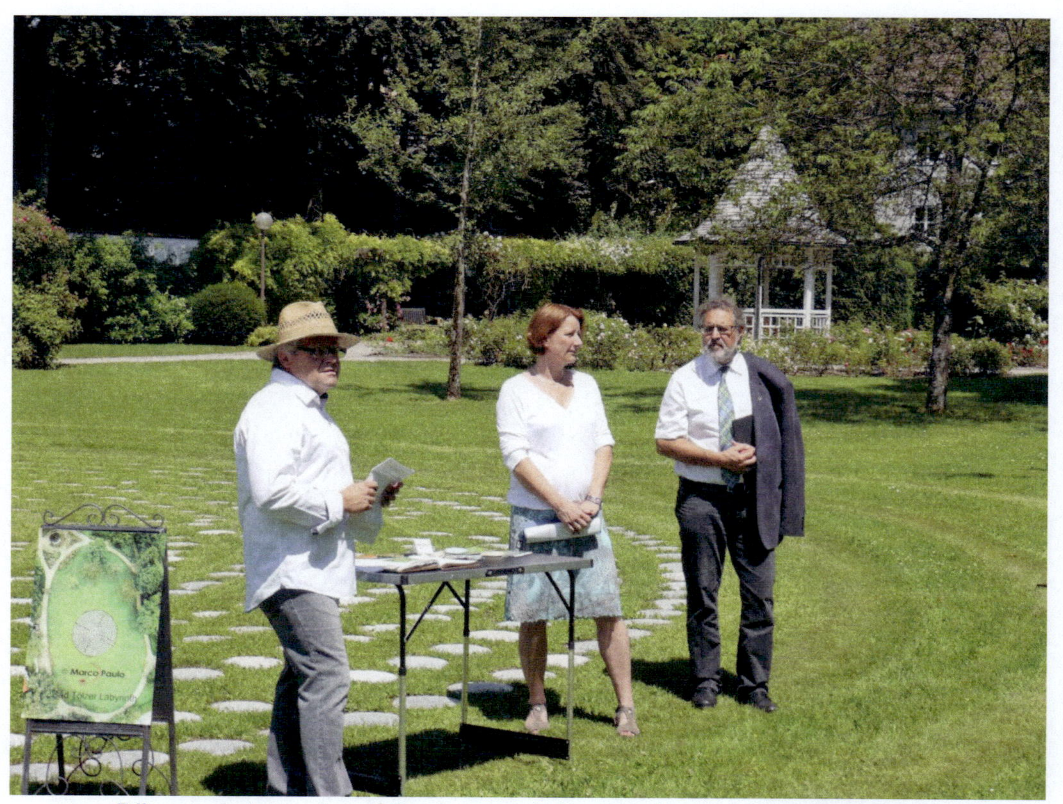

Bürgermeister Josef Janker und die Direktorin der Tourist-Info

Frau Britta Hohenreiter begrüßen die zahlreichen Gäste

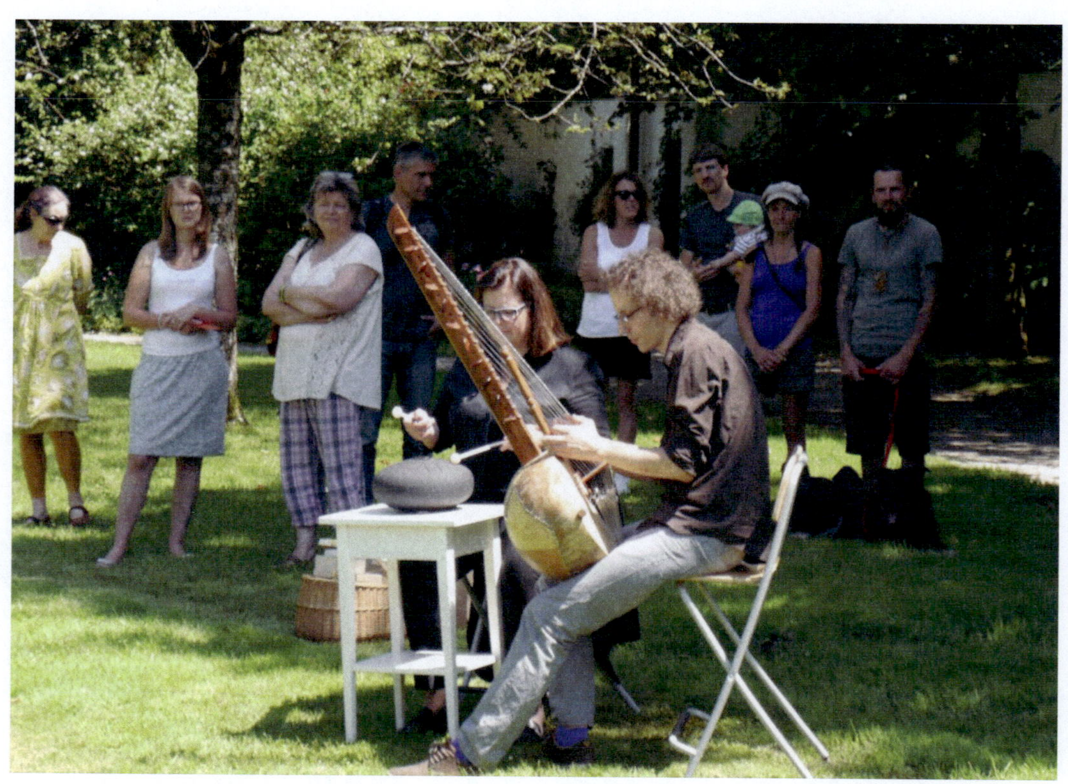

Das Musikensemble „Die Klang Poeten" verzauberte die Gäste
mit himmlischen Klängen.

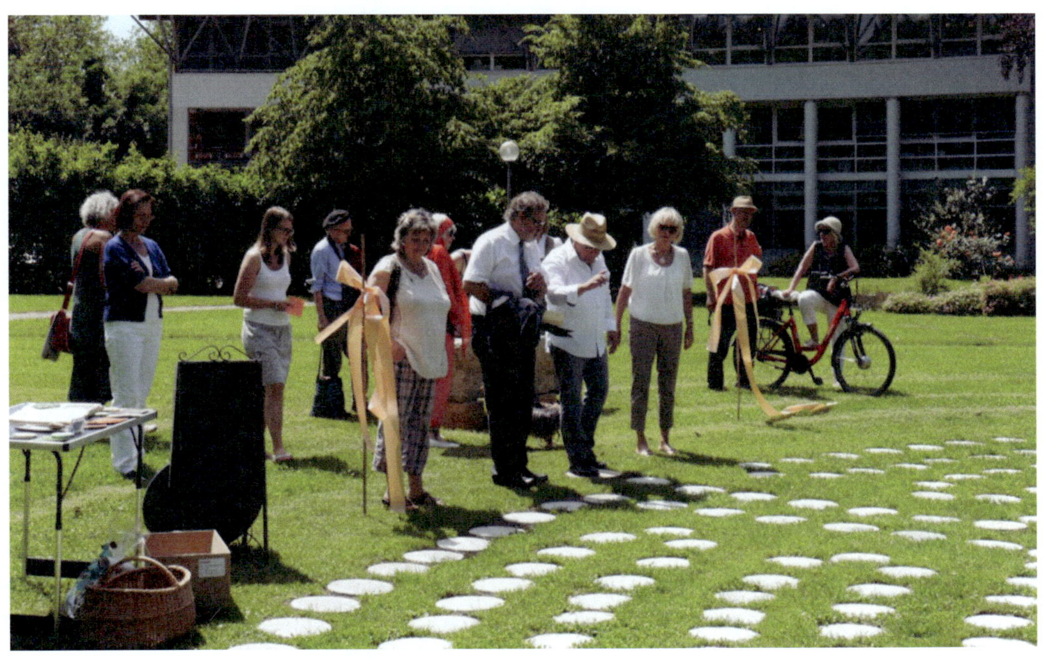

Noch während der Feier nutzten die ersten Gäste die Gelegenheit, das Labyrinth näher kennen zu lernen.

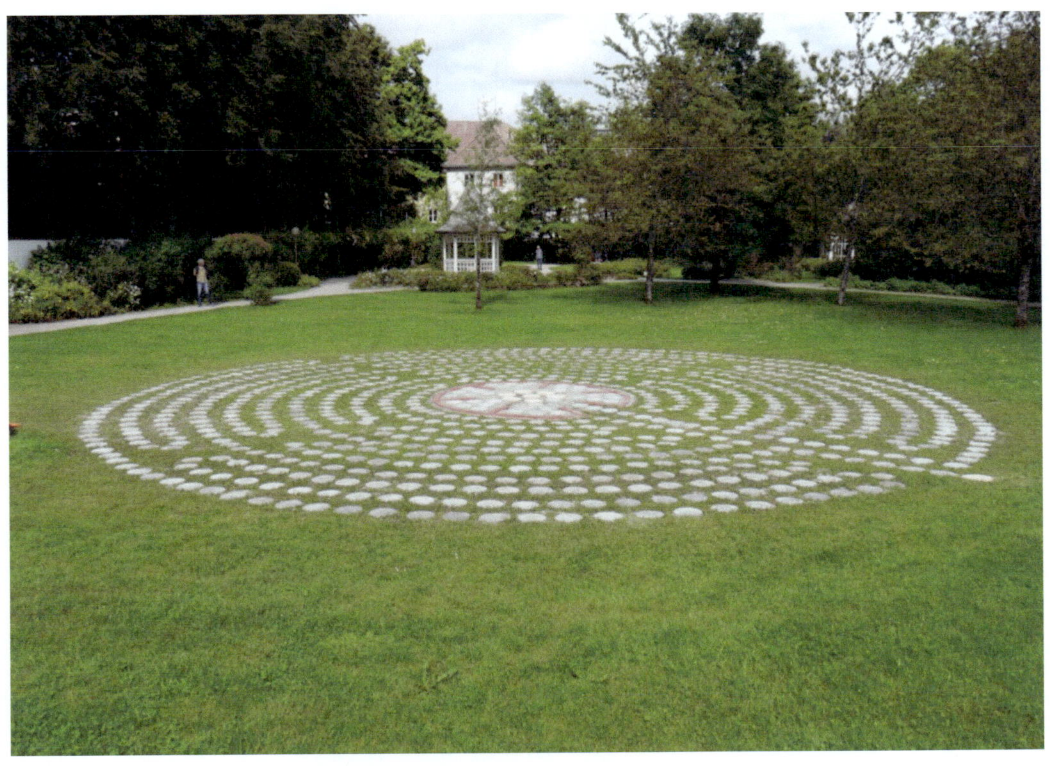

Das fertige Labyrinth

Mein Dank

Ein herzliches Vergelt´s Gott möchte ich an folgende Personen richten:

An den 1. Bürgermeister der Stadt Bad Tölz, Herrn Josef Janker, den 2. Bürgermeister, Herrn Andreas Wiedemann, Stadträtin Margot Kirste, den Damen und Herren des Stadtrates und allen Unterstützern.

An die Verantwortlichen der Tourist-Info, Frau Britta Hohenreiter, meine Helfer bei der Planung und Ausführung: Werner Trost, Patrick Sartre, Marlene und Willi Geib, Schorsch Herzinger, Christian Lindenthaler, Gerhard Wagner und Tom, an die Mitarbeiter des Bauhofes der Stadt Bad Tölz, die mit ihren Radladern und Maschinen geholfen haben und die vielen Helfer, die im Hintergrund aktiv waren. Und natürlich geht der Dank auch an meine Frau, die mich – wie auch bei den vielen anderen Projekten – immer mit Rat und Tat und auch mit konstruktiver Kritik sowie eigenen Anregungen und Ideen unterstützt.

Ohne die Vielzahl engagierter Leute wäre dieses Labyrinth nicht entstanden. Auch den Gärtnern, die fortan die Flächen besonders behutsam und sorgfältig mähen und die Steine freischneiden, gilt mein Dank.

Bedanken möchte ich mich auch dafür, dass es zu keinerlei Unfällen, Verletzungen oder sonstigen Zwischenfällen oder Schwierigkeiten von der Planung über die Ausführung bis hin zur Eröffnungsfeier gekommen ist. Alles hat einfach nur bestens und ohne Zwischenfälle geklappt. Für mich ein gutes Zeichen.

Und ganz besonders möchte ich mich auch noch einmal bei dem Platz im Rosengarten und all seinen Wesenheiten bedanken.

Bilder und Impressionen verschiedener Veranstaltungen,
die nun im Labyrinth stattfinden.
Sommerfeste, Sommer- und Wintersonnwendfeiern,
Begehungen und Begegnungen im Labyrinth.
Tanz- Musik und Meditationen.

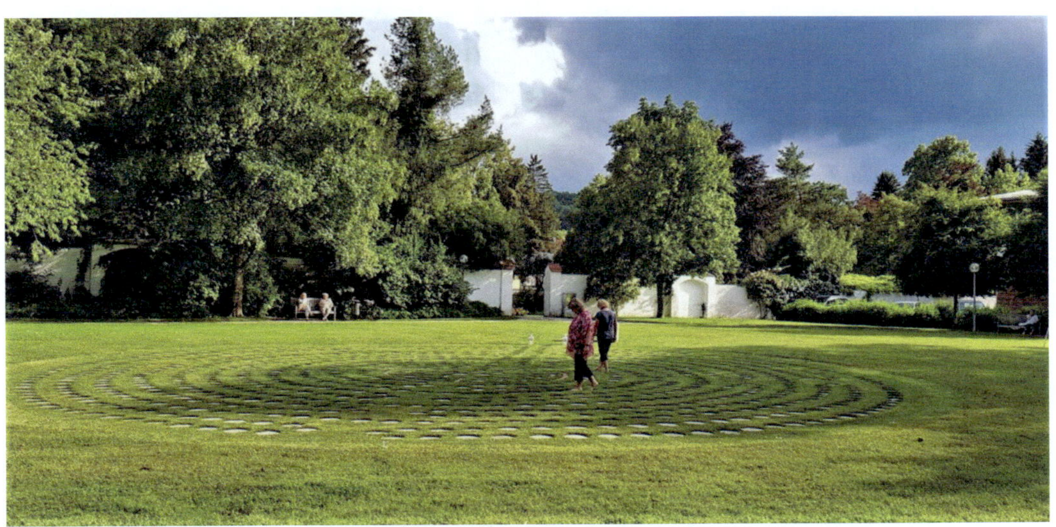

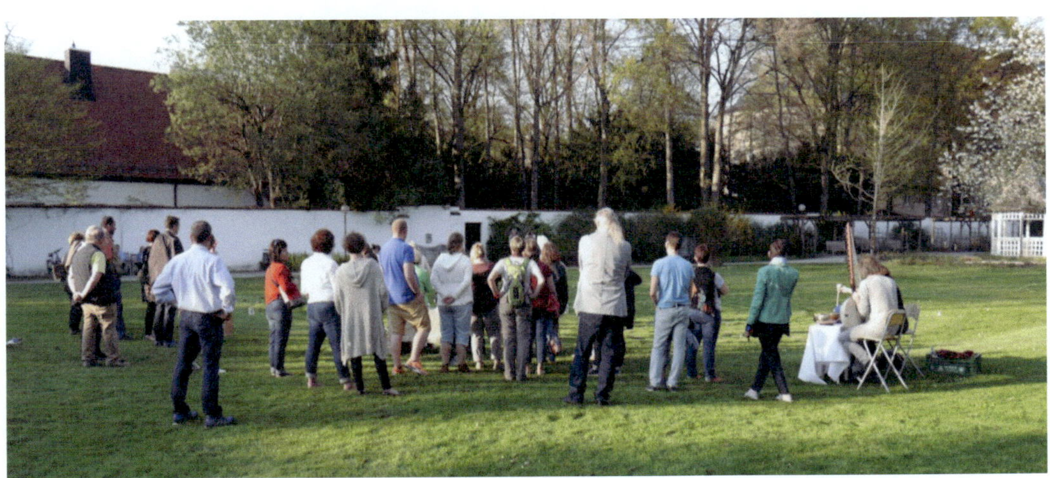

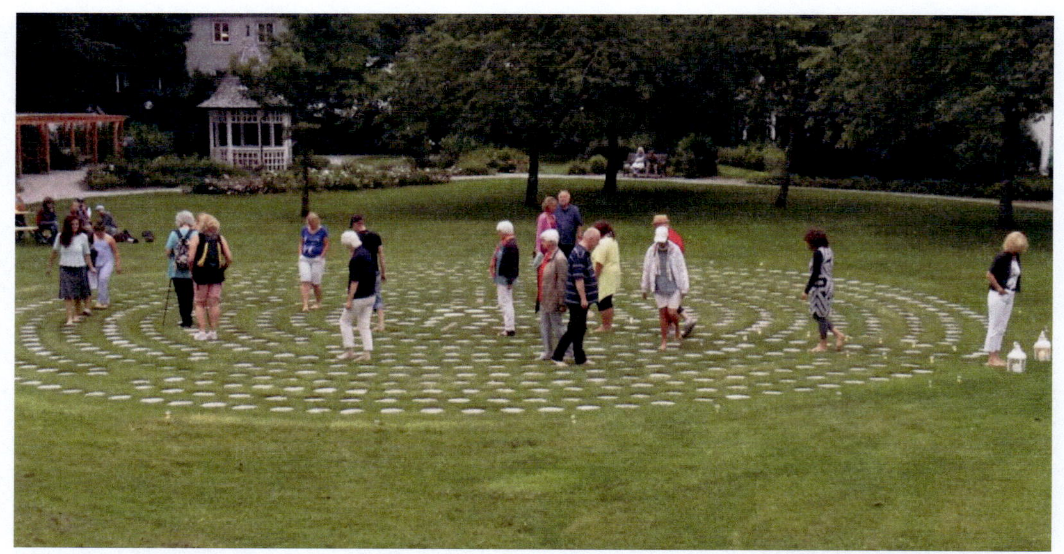

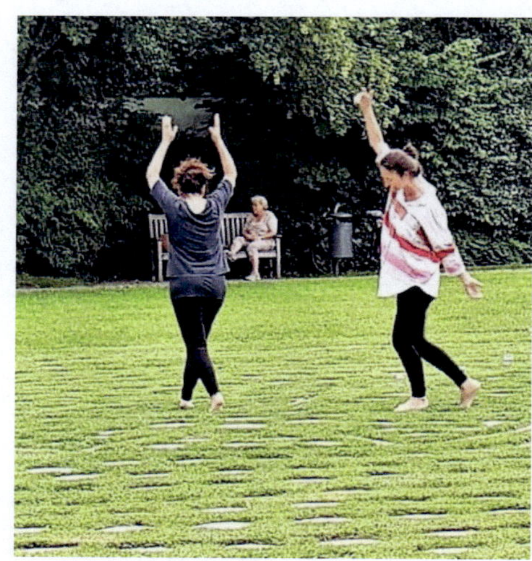

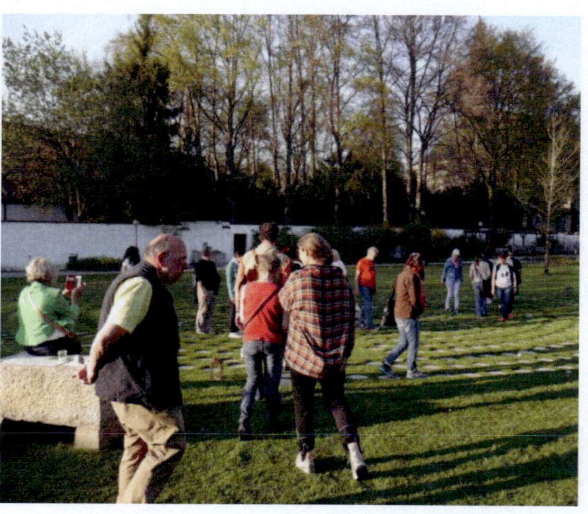

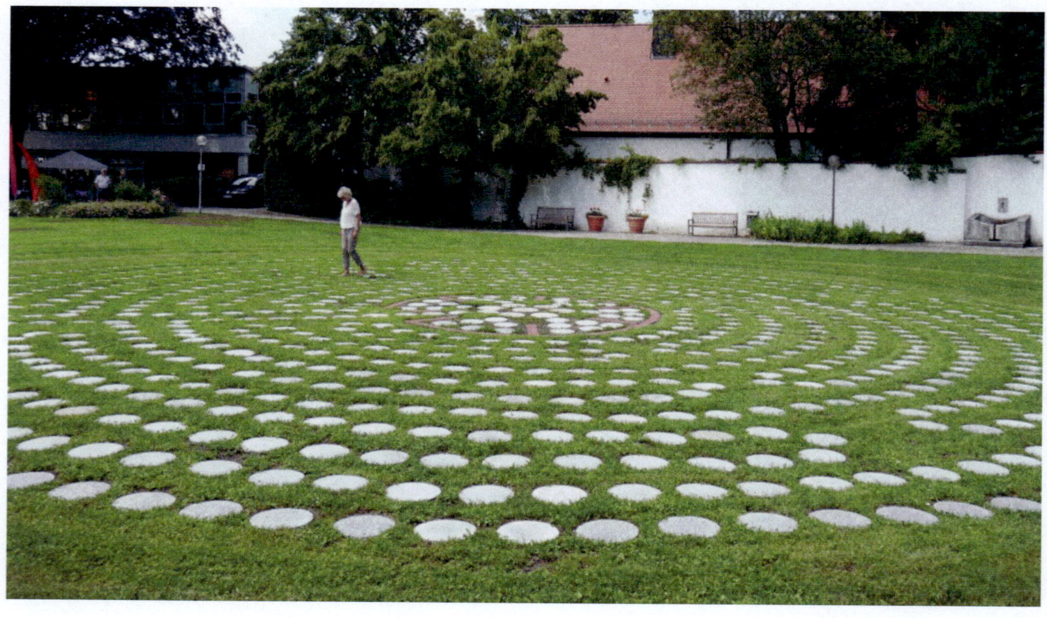

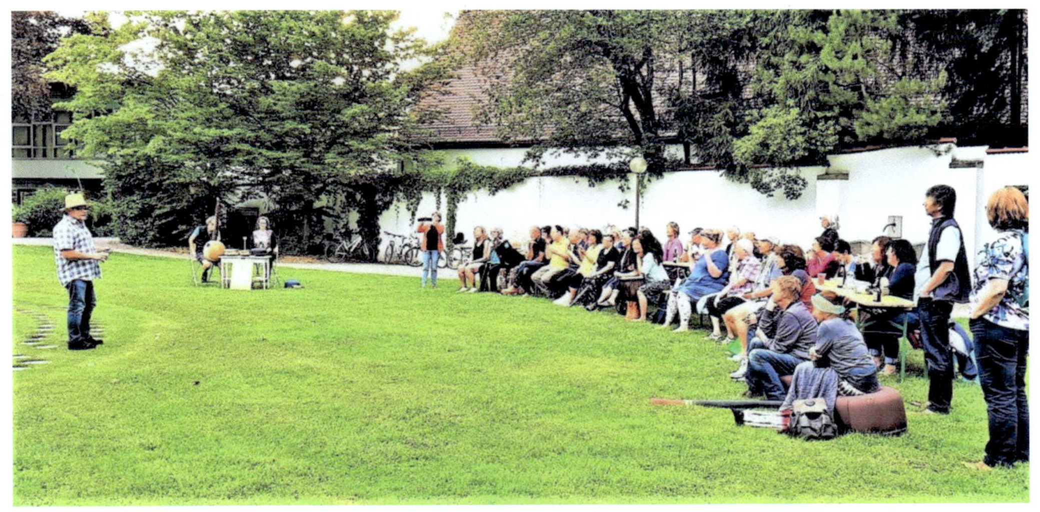

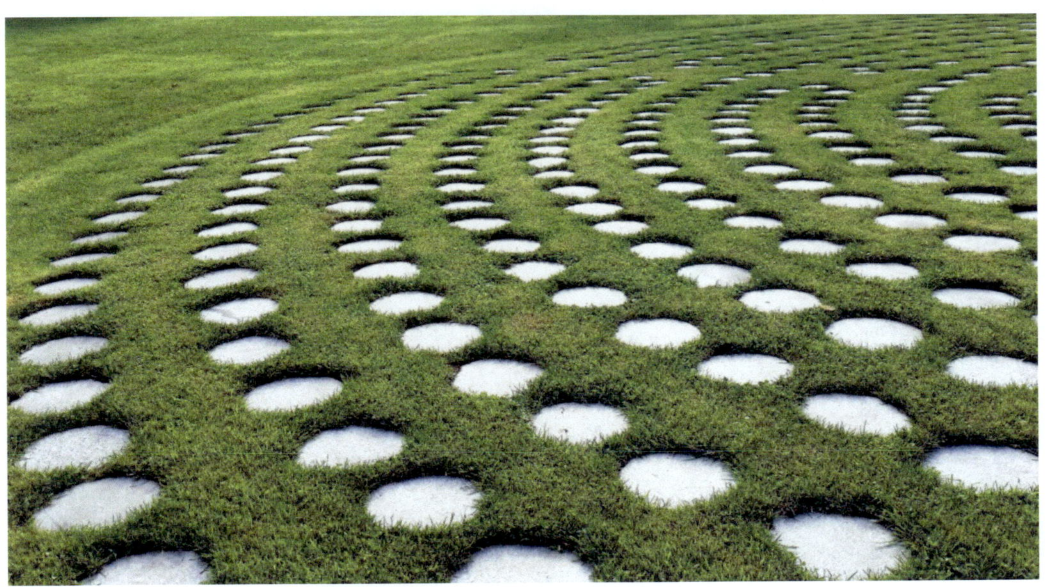

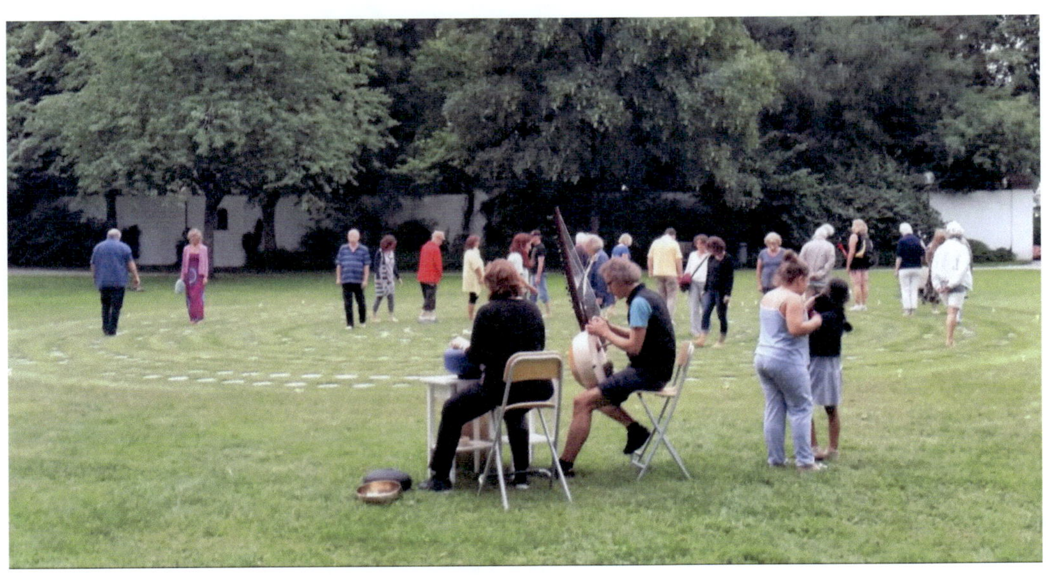

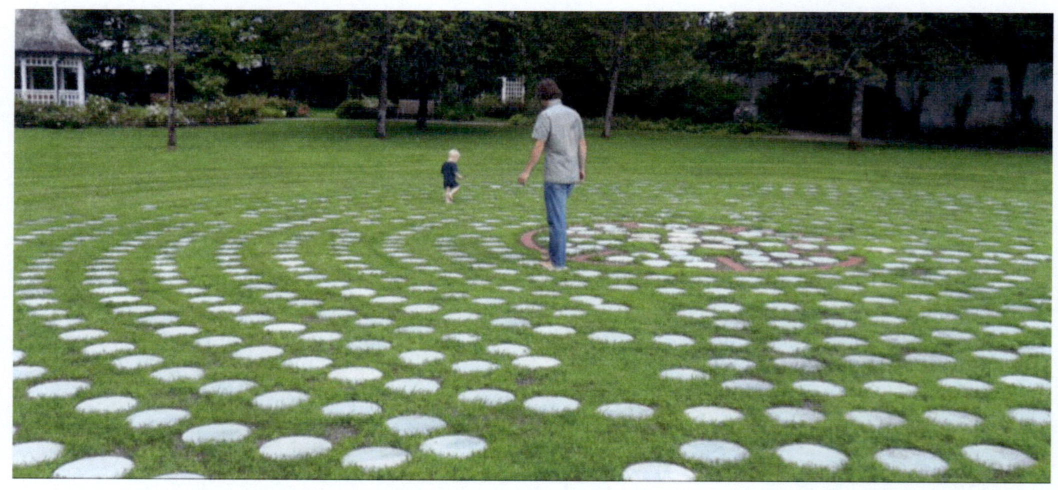

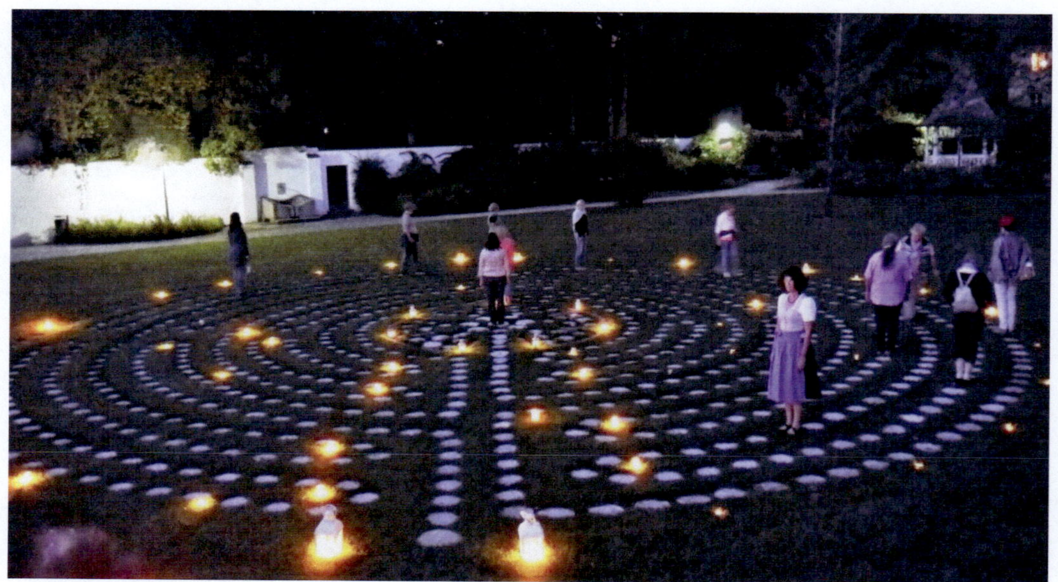

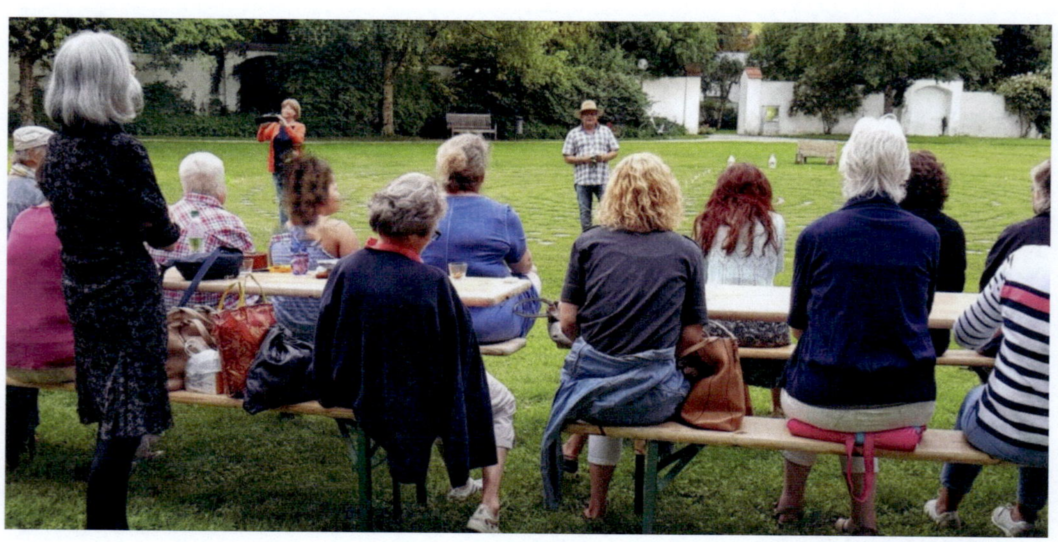

Nun möchte ich noch einige schöne Dinge, Souvenirs,
Glücksbringer und Erinnerungsstücke
rund ums Tölzer Labyrinth zeigen. Diese sind bei der
Tourist Info neben dem Labyrinth und in
meinem Atelier erhältlich.

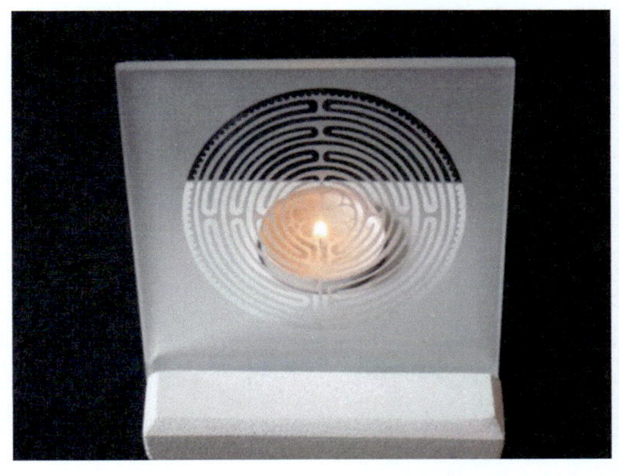

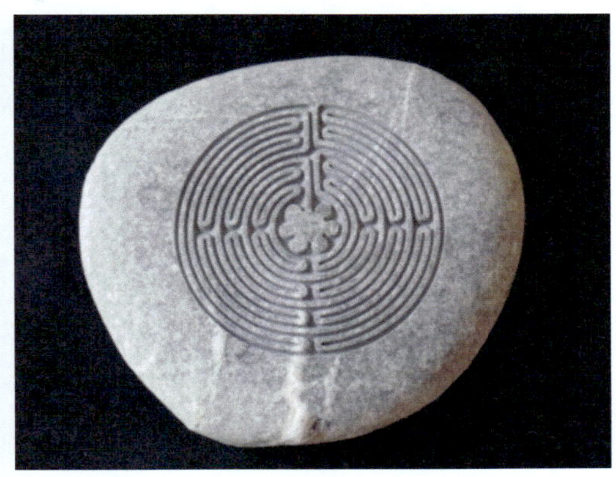

Teelicht mit Glasscheibe   *Flussstein mit Labyrinth*

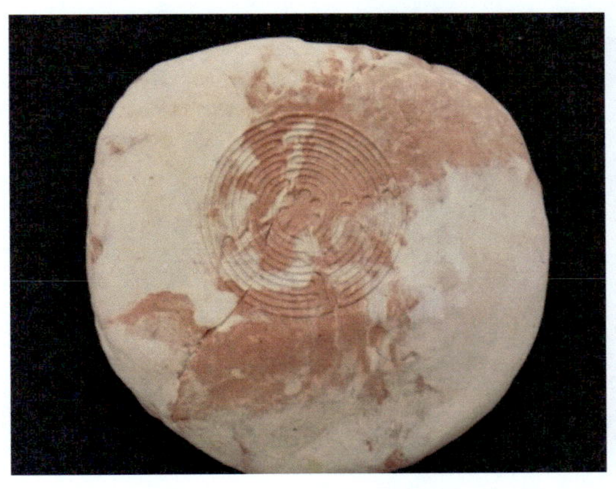

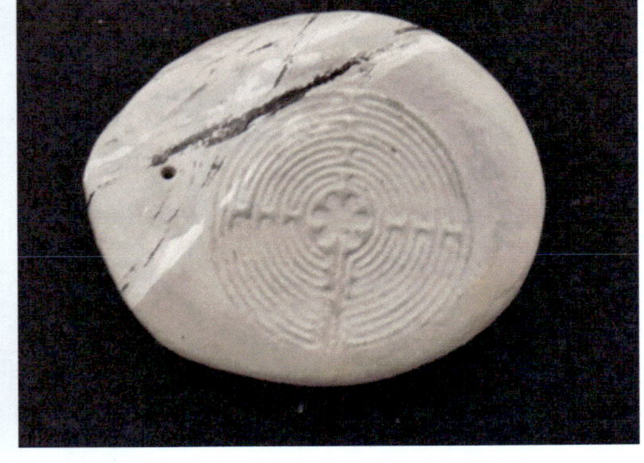

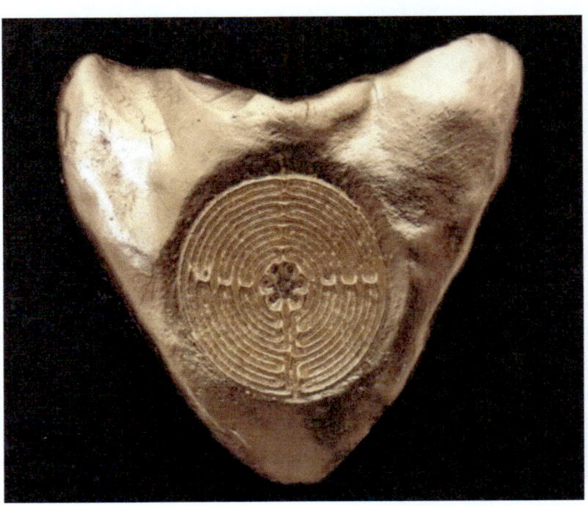

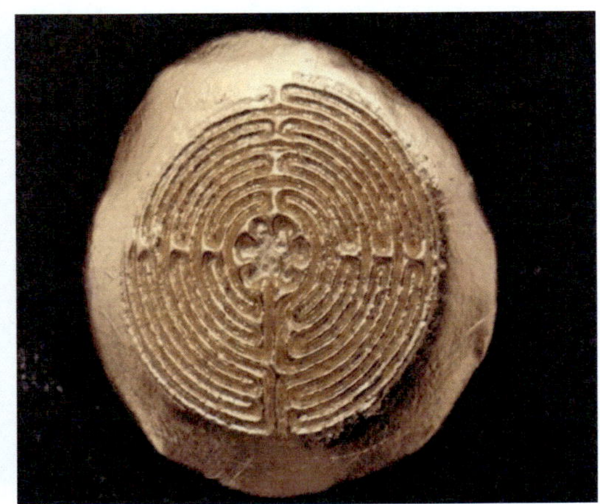

Labyrinthsteine gestaltet, bemalt und 24 Karat vergoldet

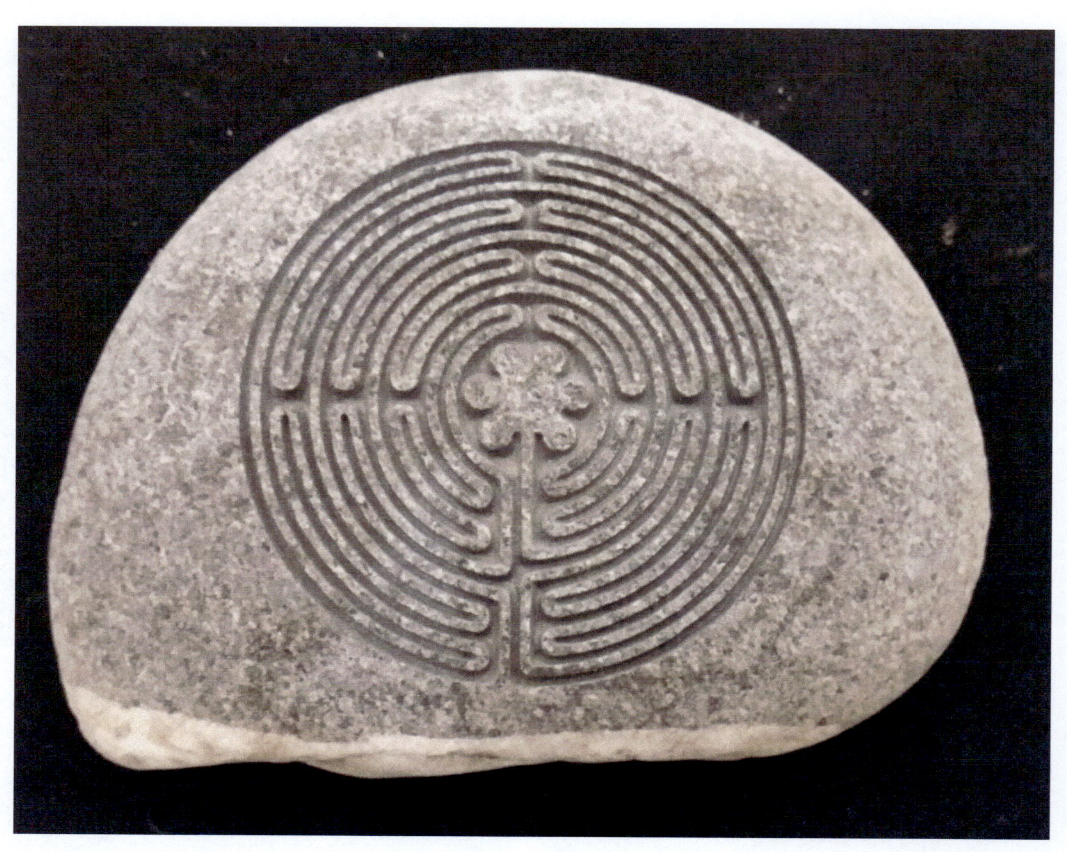

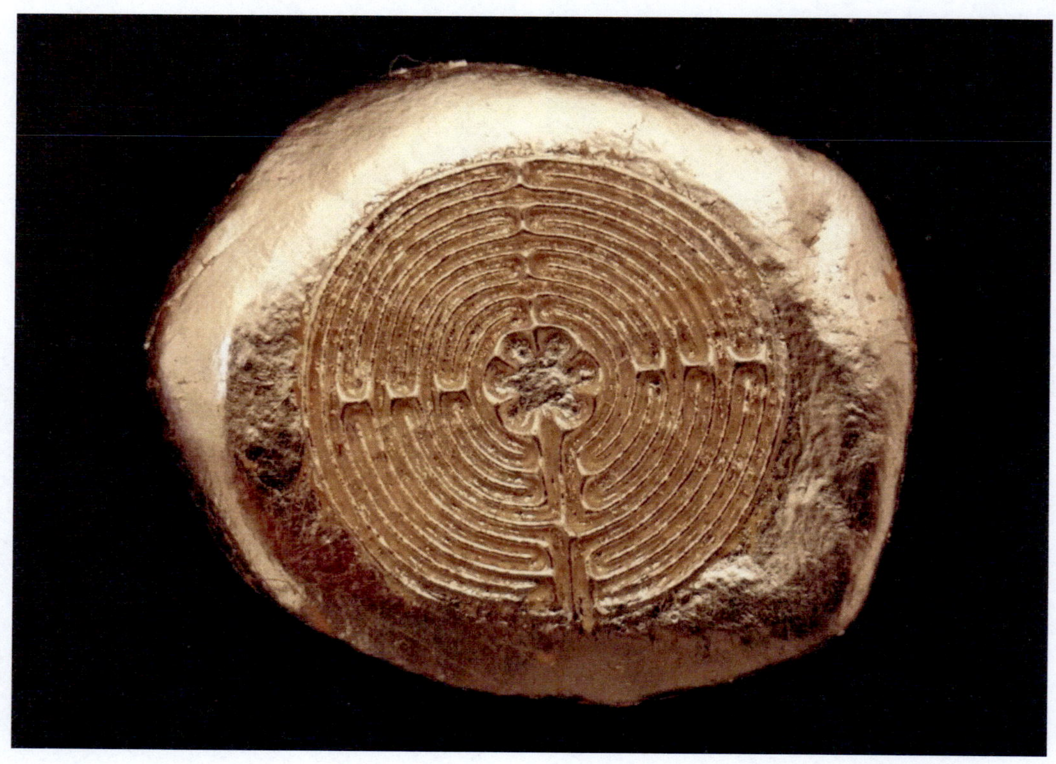

24 Karat vergoldet

Labyrinth Anhänger in Silber, Messing, versilbert,
Glas, auf Kokos und Muschel,

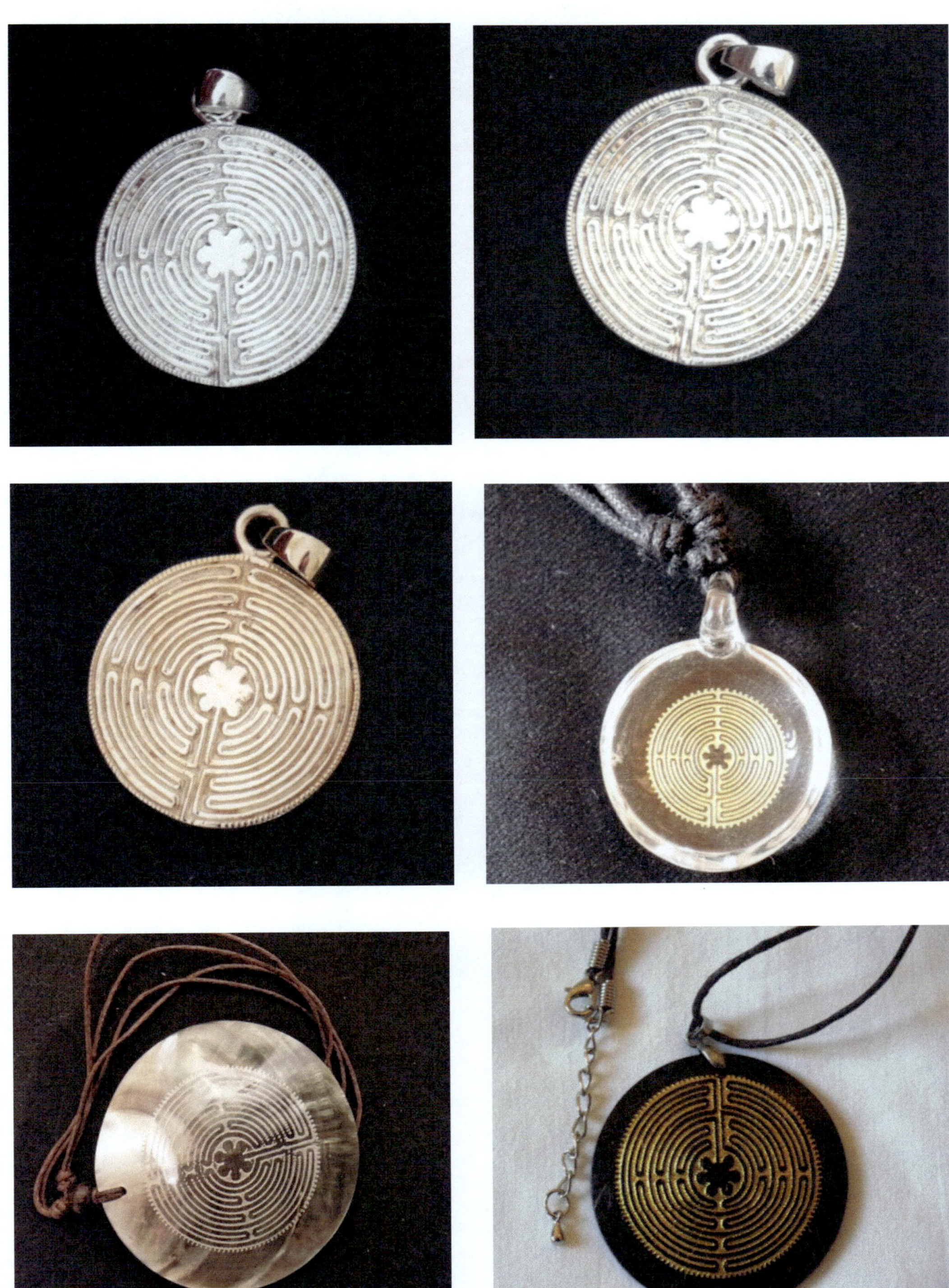

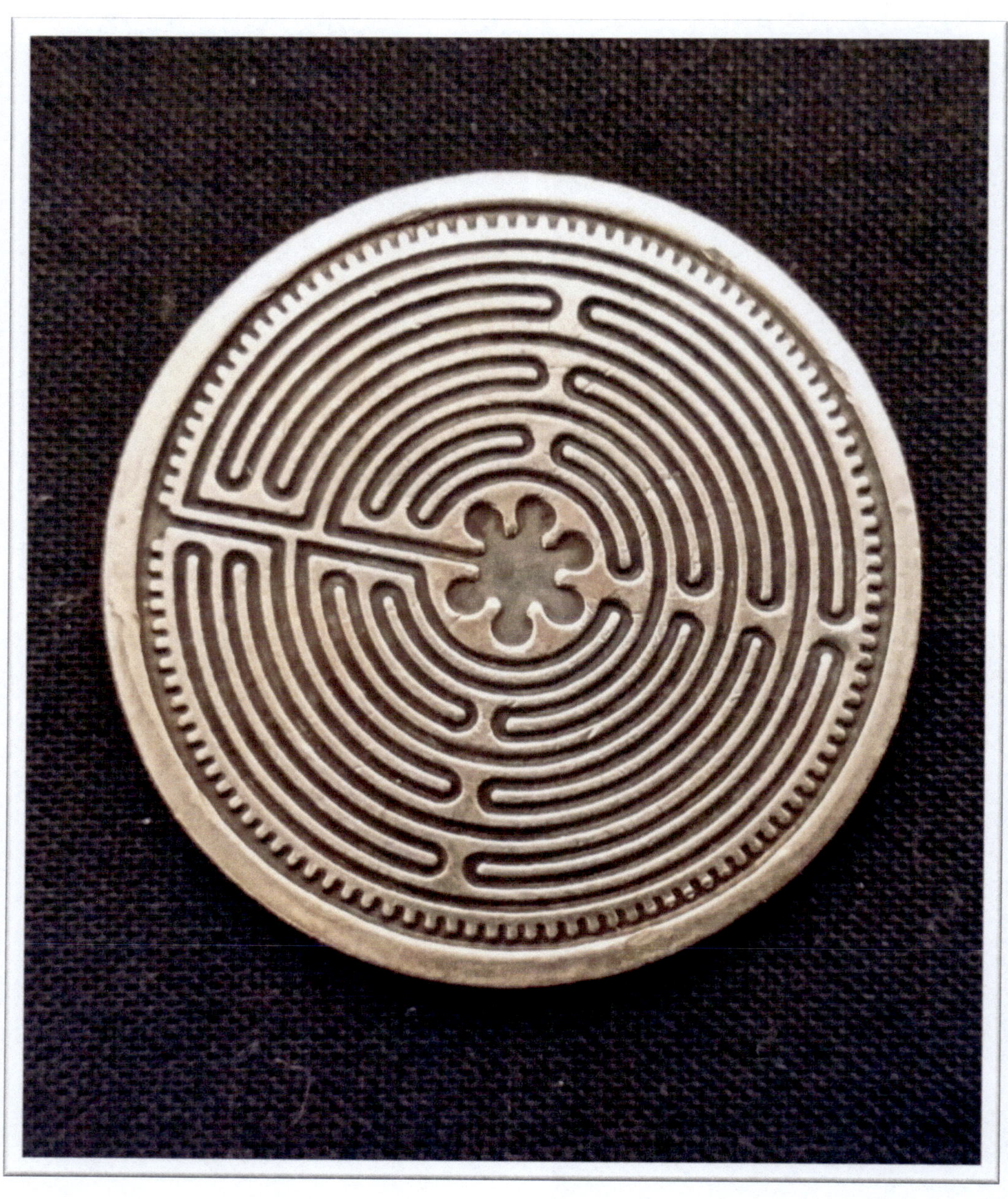

Die Glücksmünze

Hier noch etwas Besonderes: Die 10 Minuten Meditation im Tölzer Labyrinth

Die Tölzer Meditationsbox
Stressbewältigung - Entspannung - Stärkung

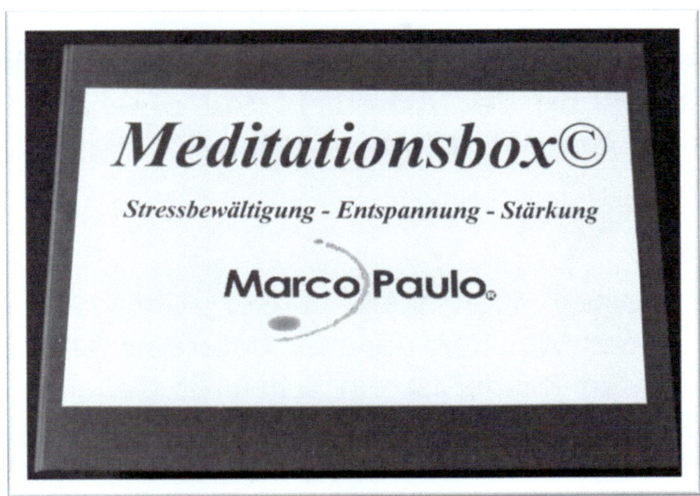

Mit der Meditationsbox© und dem Tölzer Labyrinth bringen Sie Körper, Geist und Seele in Einklang. Labyrinthe: Seit 5.000 Jahren magische Kraftplätze, uralte Symbole für den Lebensweg des Menschen.

Gönnen Sie sich diese erholsame 10 Minuten Auszeit.

Hier kommt man zur Ruhe und schöpft Kraft!

Ob im Büro, am Arbeitsplatz, im Freien oder Zuhause!

Marco Paulo hat das Tölzer Labyrinth in Anlehnung an das Labyrinth aus der Kathedrale von Chartres initiiert und gebaut. Die Ausrichtung orientiert sich an einem der kraftvollsten Plätze in Bad Tölz – dem Kalvarienberg. Das Original Tölzer Labyrinth hat einen Durchmesser von 16,4 Metern. Platzieren Sie die Labyrinth Utensilien nach Ihren Wünschen. Lassen Sie ihre Gedanken, Ihre Seele und Ihren Körper zur Ruhe kommen. Hier steht Ihnen die Ur-Kraft des Labyrinths zur Verfügung. Notieren Sie Ihre Eindrücke auf dem beiliegenden Meditationsblatt.

Inhalt der Meditationsbox: Anleitung, ein Labyrinthstein, die Labyrinthkarte, sowie 10 Vorlagen zum Nachmalen.

Die Meditationsboxen © gibt es nur bei: Marco Paulo, bzw. in der Tölzer Tourist Info

Einige Hintergründe

Nachdem nun so viel von der Anwendung von Wünschelrute und Pendel gesprochen wurde, möchte ich hier noch einige Anmerkungen zu deren Handhabung und auch zu Kraftplätzen anfügen.

Die untenstehenden Beschreibungen sind nur eine kurze Zusammenfassung der Arbeiten. Sie ersetzen in keinem Fall entsprechende Kurse, Bücher, Lehrgänge und Workhops

Das Pendeln

Pendeln ist eine Möglichkeit, unser Unterbewusstsein zu befragen, mit der Weisheit unseres Unterbewusstseins Kontakt aufzunehmen. Ein Pendel ist ein schwerer Gegenstand, der an einer Schnur oder Kette aufgehängt ist. Die Reaktion des Pendels oder der Wünschelrute wird oftmals als „Ausschlag" bezeichnet.

Zunächst wird die Pendelrichtung festgelegt. Am Anfang werden nur Fragen gestellt, die mit „Ja" oder „Nein" beantwortet werden können. Wie soll das jedoch angezeigt werden?

Das Pendel hängt locker und sehr ruhig an der Schnur bzw. der Kette. Fragestellung: „Zeig mir ein Ja." Das Pendel beginnt zu reagieren, zu schwingen. Es kann dabei hin und her, von rechts nach links oder auf- und abschwingen. Auch eine Bewegung im Kreis ist möglich. Nochmalige Aufforderung: „Zeig mir ein Ja", und das Pendel wird in eine bestimmte Richtung ausschlagen. Oftmals ist es eine Längsbewegung vom Körper weg und wieder zurück wie bei einem bejahenden Kopfnicken. Ein Nein wird mit einer Querbewegung (seitlich schwingend), also wie bei einem verneinenden Kopfschütteln, gezeigt. Eine kreisende Bewegung bedeutet, dass zurzeit keine Aussage getroffen werden kann. Eventuell sollte hier die Fragestellung geändert werden. Mit der Zeit und einiger Übung bekommt man ein Gefühl für die richtige Handhaltung, die Fragestellung und die Antworten.

Bevor mit dem Pendeln begonnen wird, sollte das Pendel begrüßt werden – verbunden mit einem Dank, dass mit ihm gearbeitet werden darf. Es wäre schön zu erfragen, ob zu einem bestimmten Thema Fragen gestellt werden dürfen. Hierbei sollte bereits auf Ja oder Nein geachtet und diese Antworten auch respektiert werden.

Die Grundschwingung aller Dinge und Materien entspricht den erwähnten Radiowellen. Sie sind immer und überall vorhanden. Die Wünschelrute oder das Pendel sind die zum Empfang erforderlichen Antennen. Wir sind das Empfangsteil, das Radio, das die Schwingungen und Frequenzen hör- oder sichtbar macht.

Die Wünschelrute

Die Wünschelrute ist ein zumeist Y-förmig gegabeltes, aus einer Astgabel oder gebogenem Draht gefertigtes Instrument. In der Hand eines Rutengängers reagiert es auf Anziehungskräfte oder Ausstrahlungen von Erzen und Metallen, Wasseradern, geologischen Verwerfungen oder verborgenen Gegenständen im Erdreich.

Beim Wünschelrutengehen ist es ähnlich wie beim Pendeln. Wichtig ist, sich zunächst korrekt einzustellen, zu kalibrieren, beim Unterbewusstsein den richtigen Sender auf die richtige Frequenz einzustellen. Um eine Rutenreaktion, also einen sogenannten Ausschlag zu erreichen, muss die Wünschelrute in der Hand gespannt werden. Dennoch darf man sie nicht zu starr halten, damit sie, wenn sie den „Sender" gefunden hat, auch reagieren kann.

Hier wird etwas mehr Übung benötigt, da durch das Gehen die Reaktionen (Ausschläge) der Wünschelrute unruhiger und am Anfang auch ungenauer sein können.

Arbeiten mit der Wünschelrute

Gebrauchen Sie die Rute zunächst im Stehen und spannen Sie sie leicht vor Ihrem Körper. Provozieren Sie einen Ausschlag nach unten, und sagen Sie sich: „Das ist ein Ja". Der Rutenausschlag ist nun immer ein Ja, kein Ausschlag hingegen bedeutet ein Nein. Prägen Sie sich Ihr Ja fest ein.

Nun folgt die Kalibrierung, also die Einstellung auf „Ja" oder „Nein", genau wie beim Pendeln. Sollten Sie später einmal etwas Bestimmtes suchen, spannen Sie die Rute und beachten Sie die Fragestellung, die nur mit Ja oder Nein beantwortet werden kann. Sie können zum Beispiel mit gespannter Rute durch einen Raum gehen und nach einer Wasserader fragen. Da Sie aber noch nicht auf „Wasserader" eingestellt bzw. kalibriert sind, ist es unumgänglich, dass Sie sich unterirdisches fließendes Wasser, also einen Wasserlauf, fest in Gedanken vorstellen. Mit etwas Übung und der richtigen Fragestellung können Sie den genauen Verlauf der Wasserader, später dann auch die Fließrichtung, die Tiefe, die Fließgeschwindigkeit und die Wassermenge sowie die Qualität des Wassers abfragen. Auch Fragen nach positiven oder negativen Auswirkungen auf Menschen, Tiere und Pflanzen sind möglich.

Mit Ihrer Vorstellungskraft können Sie sich auf alles, wonach Sie suchen oder was Sie abfragen wollen, selbst kalibrieren. Sie müssen fest an das denken, wonach sie fragen. Es gibt viele spezielle Hilfsmittel für Rutengeher oder Pendler, wie Listen, Tabellen, Karten oder Tafeln, die Ihnen bei der Fragestellung helfen können, die Ergebnisse zu verfeinern und zu analysieren. Konzentrieren Sie sich aber zunächst auf das Wesentliche. Beachten Sie stets, in welchem Personenkreis Sie die Rute oder das Pendel vorzeigen oder über Ihre Interessen sprechen. Es gibt viele Kritiker, die Sie nur verunsichern wollen. Erfahrene Rutengeher lassen sich durch nichts und niemanden aus der Ruhe bringen, denn sie wissen ganz genau, wie hilfreich und aussagekräftig diese Methoden sind.

Öffnen Sie sich dieser für Sie bislang unbekannten, geheimnisvollen, spannenden und friedvollen Welt, sie wird Ihr Leben in vielen Bereichen unendlich bereichern. Sie werden immer mehr zu Ihrem „inneren Ich" finden, und die Übereinstimmung zwischen Ihrem Bewusstsein und Ihrem Unterbewusstsein wird zunehmen. Sie werden ausgeglichener, toleranter, ruhiger und finden zu sich selbst. Sie werden Dinge in dieser Welt finden und erkennen, die Sie begeistern und Sie werden gelassener, die Dinge hinzunehmen und zu akzeptieren die ihnen das Leben sendet.

Pendel und Rute können einzeln oder ergänzend eingesetzt werden.

Ich arbeite sehr gerne mit einer einfachen Wünschelrute, trage aber auch ein kleines Pendel.

Kraft- und Energieplätze

Nach diesem kurzen Exkurs über das Pendeln und Wünschelrutengehen kehren wir zu den Kraft- und Energieplätzen zurück. Was versteht man überhaupt darunter, wie kann man diese Plätze entdecken, was ist das Besondere an ihnen? Wie gehe ich vor?

Grundsätzlich unterscheiden wir zwei Arten von Kraftplätzen: natürliche und von Menschen geschaffene.

Kraft- und Energieplätze: Es gibt sie überall auf der Welt, natürlich auch hier bei uns.

Zu finden sind diese Kraftplätze z.B. an einem mächtigen Baum, einer Quelle, einem Wasserfall oder einem knochigen Wurzelstock, in moosbewachsenen Berghängen, in Form einer einzelnen Blüte, an Weggabelungen, in einer Höhle, an einem Strand, auf einem Gipfel, an einem Hügel, inmitten einer flachen Landschaft sowie in einer mysteriösen Schlucht. An einem alten Kultplatz, in einer abgelegenen Kapelle, in Kirchen, Bauwerken, in einem Labyrinth oder in einem Gotteshaus.

Auch Lebewesen – Tiere und Menschen – können Kraft- und Energiespender sein.

Ja, selbst im kleinsten Detail und an vielen anderen Orten können wir sie mit einem offenen Blick entdecken.

Platzsuche mit der Wünschelrute

Wenn wir zum Beispiel einen besonderen Platz suchen, können wir die gespannte Wünschelrute mit der passenden Fragestellung über die vor uns ausgebreitete Landkarte führen. Wir halten die Spannung und stellen die Frage: „Wo befindet sich ein Kraftplatz, den ich heute besuchen darf?" Nach einem entsprechenden Ausschlag, einer Reaktion des Pendels oder Wünschelrute, geht es um die Verfeinerung und genauere Platzsuche. Hier kann ein Kartenausschnitt oder eine Vergrößerung benutzt werden. Nun haben Sie eine bestimmte Region oder einen Ort per Wünschelrute über der Karte gefunden. Die Wünschelrute von verschiedenen Seiten behutsam über die Karte führen. Fragestellung: „Ist das der Platz, den ich heute besuchen darf?" Schlägt die Rute aus, ist dies als ein Ja zu bewerten.

Stets kommt es hierbei auf die richtige Frage an, die immer nur mit Ja oder Nein beantwortet wird. Die gleiche Vorgehensweise lässt sich auch mit einem Pendel durchführen. Das erste große Abenteuer beginnt. Wir vertrauen den Hinweisen und machen uns auf den Weg. Lassen Sie sich führen, der Platz wartet schon auf Sie und wird sich zu erkennen geben. Ihr angepeilter Platz unterscheidet sich in seiner Eigenschwingung vom übrigen

Umfeld. Dies kann auf verschiedene Ursachen zurückzuführen sein, wie Wasseradern, Planetenlinien, Höhlen, Spalten oder Risse im Erdinneren mit einer besonderen irdischen oder kosmischen Einstrahlung. Es gibt auch Plätze, an denen gleich mehrere solcher Eigenschaften zu finden sind. Auch gewisse Vorkommnisse können Plätze beeinflussen.

Wichtiger Hinweis: Oftmals dürfen wir die vorhandenen Energien und Schwingungen gerne nutzen. Doch es sollte für uns zur Selbstverständlichkeit werden, immer um Erlaubnis zu bitten.

Es klingt vielleicht ein wenig seltsam, aber es liegt auf der Hand, dass allein durch das Fragen und das Bitten um eine Erlaubnis, in den meisten Fällen eine harmonische, wohlwollende Atmosphäre entsteht. Hierzu sind gewisse Kenntnisse in Bezug auf die Vorbereitung, Auswahl und Art der Kommunikation erforderlich. Mich haben eine geomantische und auch eine schamanische Ausbildung auf diesen Weg geführt.

Für die Erschaffung eines solchen Kraftplatzes ist das Erspüren und Fühlen von Schwingungen erforderlich bzw. hilfreich.

Mein Weg zur Wünschelrute

Ich absolvierte mehrere fundierte Ausbildungen im Bereich Wünschelrutengehen und Pendeltechniken bei Ewald Kalteiß, Prien. In zahlreichen Exkursionen mit dem deutschen und österreichischen Radiästhesie Verband konnte ich auf diesen Gebieten eigene Erfahrungen machen und Kenntnisse sammeln. Nach Jahren führte mich mein Weg über den Schamanen Anqaangaq zu einer fundierten schamanischen Ausbildung. Um es gleich zu sagen, ich arbeite nicht als Schamane, ich nutze lediglich gewisse erlernte Techniken, Anwendungen und Möglichkeiten dieser Ausbildung für mich und auch für andere Orte, Plätze, Pflanzen, Tiere und Menschen.

Besonderheiten von Kraftorten

Zurück zu den Kraftorten und ihren Besonderheiten. Auch menschliche Eingriffe können Orte in ihrer Schwingung und Ausstrahlung verändern. Es gibt Pflanzen und Tiere, die gerade Plätze mit auffällig hohen Schwingungen (positiven oder negativen) gezielt aufsuchen oder meiden. Hier wird von

Strahlensuchern bzw. Strahlenflüchtern gesprochen. Katzen zum Beispiel liegen besonders gern auf Plätzen, die für uns Menschen auf Dauer eine Beeinträchtigung unseres Wohlbefindens mit sich bringen können. Hunde teilen unseren Anspruch an einen guten Platz. Gelegentlich sehen wir auch am Wuchs eines Baumes, wie dieser sich ganz offensichtlich vom jeweiligen Standort durch Dreh- oder Seitwuchs wegbewegen will. Bestimmte Sträucher scheinen abladende und aufladende Plätze zu bevorzugen. Mit ausgesuchten Bäumen und Pflanzen kann man aber auch vorhandene Schwingungen umlenken, verstärken, abschwächen oder ganz aufheben. Ebenso können wir Schwingungsmuster, wie zum Beispiel von Wasseradern oder Verwerfungen, durch das Anpflanzen von geeigneten Pflanzen oder polarisierten Vollziegelsteinen, die schräg aufeinander angeordnet werden (Opus spicatum), verstärken, schwächen oder neutralisieren.

Steinsetzungen werden als Ecksteine auch für Häuser oder Grundstücke eingesetzt. Diese Techniken waren bereits den alten Griechen, den Römern, den Maja und vielen anderen Hochkulturen bekannt.

Als wichtig erachte ich in erster Linie aber, dass wir zunächst einmal erkennen, ob sich das vorgefundene Schwingungsmuster von seinem Umfeld unterscheidet. Dabei handelt es sich um das Gefühl einer gewissen Verbundenheit, das Erahnen einer besonderen Kraft, die in uns aufsteigt, wenn wir einen solchen Platz aufsuchen. So gibt es Plätze, an denen wir uns besonders wohlfühlen, und auch solche, an denen wir nicht allzu lange verweilen wollen. Hören Sie ganz und gar auf Ihr Bauchgefühl. Wenn Sie an einen besonderen Platz kommen, wird er Ihnen sagen, welche Art von Platz das für Sie ist. Bedenken Sie, Ihre persönliche Empfindung kann ganz anders als die Ihres Partners oder heutigen Begleiters sein, wenn Sie nicht allein unterwegs sind.

Es gibt Plätze zum Auf- und Abladen, Plätze der Eingebung, der Besinnung, der inneren Öffnung. Es gibt Plätze der Erinnerung und der Rückschau, ebenso wie Plätze, die besonders gut für Träume, geistige Übungen und mentale Reisen geeignet sind.

Offen für Kraftorte

Bedauerlicherweise haben wir die Antennen, solche Plätze zu erkennen, häufig verloren. Aber wir können uns sensibilisieren und öffnen für die Welt abseits der Hochhäuser, der Schnellstraßen, des Leistungs- und Konsumzwangs – der Welt der Fremdbestimmung. Sehr hilfreich ist hierbei der Aufenthalt im Freien, auf Wiesen, in Wäldern, an einem Fluss oder am Ufer eines Sees, das Umarmen eines Baumes (nachdem wir ihn um Erlaubnis dafür gebeten haben). Der Weg in die Natur – eine der einfachsten und besten Möglichkeiten, sich selbst zu finden oder zu sich zurückzufinden. Wichtig dabei: die Bereitschaft, etwas aus der Natur zu empfangen, ihr zu begegnen.

Beobachten wir die Tiere und Pflanzen um uns herum, lauschen wir dem Wind! Wenn wir an einem Ort bewusst verharren, werden wir nach und nach Dinge hören, sehen, fühlen und erkennen, die uns bis dahin unbekannt waren. Es ist, als schauten wir in einen sternklaren Nachthimmel: Am Anfang sind nur diffuse Punkte zu sehen. Je länger wir aber ins All blicken, umso mehr Himmelskörper werden sichtbar, nach und nach werden es unzählige. Genauso verhält es sich mit der Sicht hinter die Fassade unserer Umgebung, in der wir uns gerade aufhalten. Allmählich spüren wir die besonderen Schwingungen, und erkennen, dass hinter unserer realen Welt ein weitaus größerer, unermesslicher Schatz verborgen liegt. Er schlummert sozusagen in uns selbst und wartet nur darauf, entdeckt zu werden.

Es ist auch hilfreich, sich einen eigenen geheimen Platz zu suchen. Der kann auf der Terrasse, im Garten, im Park oder im Wald sein. Besuchen Sie diesen Platz so oft wie möglich, verweilen Sie dort auch, wenn es kalt oder regnerisch ist und die Natur wird ihr Lehrmeister sein.

Wenn man an einen besonderen Ort, Platz oder in ein Gebäude kommt, ganz gleich, ob auf einer Insel, in den Bergen, vor unserer Haustür oder wo auch immer auf der Welt, können und dürfen die hier aufgeführten Vorgehensweisen immer berücksichtigt werden. Diese besonderen Plätze müssen nicht immer Kirchen oder altertümliche Gebäude sein, manchmal gelangen wir an eine Weggabelung, an einen Baum, einen Strauch, an einen kleinen Bach, eine Steinformation, einen Hügel oder in eine Ebene, wir spüren oder hören den Wind, sehen ein Tier und wir vernehmen eine Verbundenheit, eine besondere Zuneigung zu diesem Ort, diesem Geschehen.

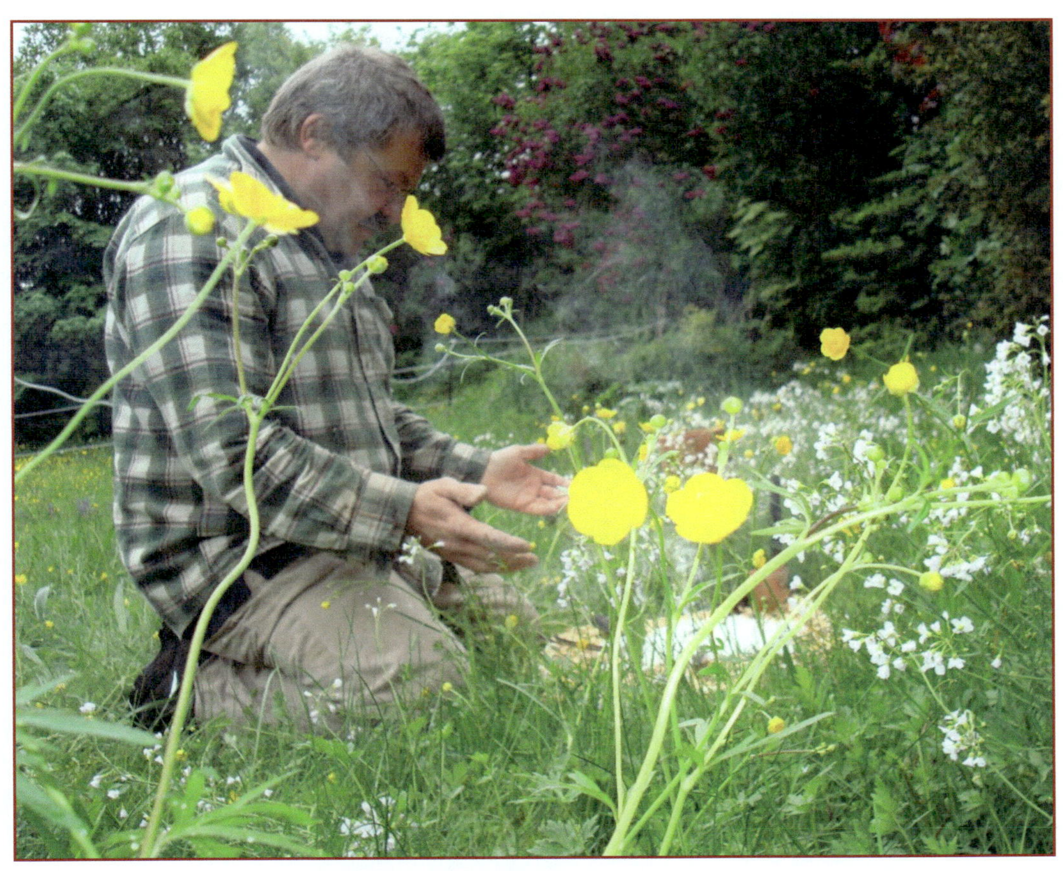

Einstimmung und Vorbereitung

Das Tölzer Labyrinth

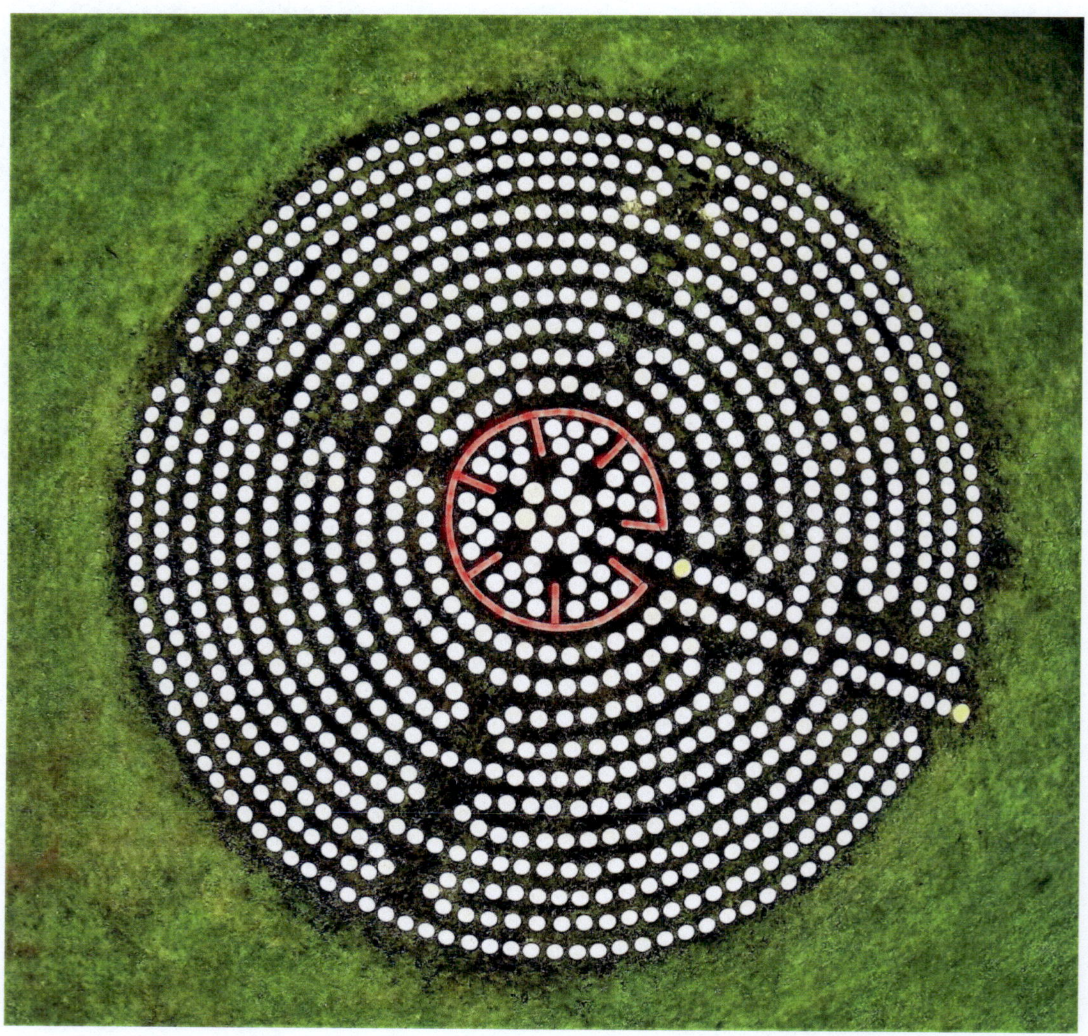

Aufgrund meiner Erfahrungen beim Bau des Tölzer Labyrinths stehe ich bei der Planung und Realisierung weiterer Labyrinthe gerne hilfreich zur Verfügung.

Quellennachweis:

Schmelzt das Eis in euren Herzen, Angaangaq, der Schamane aus Grönland (Kösel Verlag München 2010)

Schule der Geomantie, Marko Pogacnik (Droemer-Knaur, München 2000)

Die Gärten der Einweihung, Pierre Derlon (Sphinx bei Heyne 1995)

Das Buch zum Pendel-Set, Sig Lonegren (Hugendubel München 1995)

Die Faszination der Labyrinthe, Gernot Candolini (Kösel Verlag München 2004)

Labyrinth- Inspiration zur Lebensreise, Gernot Candolini (Verlag Herder GmbH, Freiburg im Breisgau 2015)

Unterwegs zu Bruder Baum, Michael Reimer (frischluft Verlag GbR, Neukirchen bei Weyarn 2014)

Reisen nach Innen, Rüdiger Dahlke (Hugendubel Verlag München 1994)

Die Kraft der Intuition, Kurt Tepperwein (Goldmann Verlag München 2005)

Der natürliche Kompass, Tristan Goodley (Piper Verlag München 2011)

Magisches Oberbayern, Dorothea Steinbacher (AT- Verlag, CH-Aarau 2012)

Orte heilen, Harald Jordan (AT-Verlag Baden und München 2008)

Steine, Bäume, Menschenträume, Ingeborg M. Lüdeling (Verlag Hermann Bauer, Freiburg im Breisgau 1997)

Pilgern, Birgit Althaus (Lesezeichen Verlagsdienste Köln)

Bislang veröffentlichte Bücher

Alle Bücher sind unter meinem Autorennamen M. Paulo in jeder Buchhandlung, direkt beim BoD und bei Ewald Kalteiß Verlag in Prien, Log. Per. Messtechnik & Medien oder über das Internet auch als E-Book erhältlich.
QR- Code direkt zum BoD Verlag

RAUMSCHIFF Teslar- SX 23 antwortet nicht, Sputnik 13 verschollen im Weltall
BoD Verlag

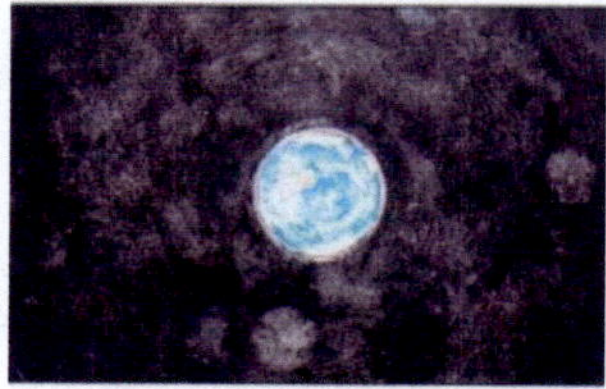

Sputnik 13, verschollen im Weltall

Der Kindheitstraum eines kleinen Jungen, als Astronaut fremde Planeten zu erkunden, geht in Erfüllung. Bei seiner Reise durch das All soll der mittlerweile ausgebildete Astronaut der den Beinamen *Sputnik 13* trägt mit seinem hypermodernen Raumgleiter im Orbit einige Reparaturen an der Raumstation durchführen, an einem Satelliten ein neuartiges Empfangssystem installieren und einige neuartigen Techniken testen.

Als der Rückflug zur Erde eingeleitet wird, schaltet sich auf Grund mehrere Fehlfunktionen der zu Testzwecken an Bord befindliche Teslarantrieb zu dem normalen Antriebsystem hinzu. Die Möglichkeiten, den Raumgleiter zu manövrieren, erweisen sich als sehr gering. Das Überleben im All ist Dank der modernen Technik an Bord kein Problem. Das viel größere Problem ist, dass das Raumschiff nicht mehr zu steuern ist und sich immer weiter von der Erde entfernt. Über viele Jahre hinweg geht der Kosmonaut in Zeit und Raum verloren. Ohne Hoffnung, seine Familie und die Erde je wieder zu sehen, beschließt er, seinem aussichtslosen Dasein ein Ende zu bereiten. Alle lebenserhaltenden Aggregate werden abgestellt. Dem Tode nah, macht er eine sensationelle Entdeckung. Sein Shuttle wird von einem Lichtstrahl erfasst und geführt. Spannend wird die Geschichte des kleinen Jungen bis hin zu diesem schicksalhaften Weltraumflug erzählt. Ob er je wieder zur Erde zurück kann und was ihn dort erwartet, ist fraglich.

Der letzte Atemzug, BoD Verlag
Im Kampf um Liebe und Licht, um die Herrschaft über die Erde, stehen die Dämonen, die Verbündeten der Finsternis und des Verderbens, den Lichtkriegern des Fürsten Rana gegenüber. An

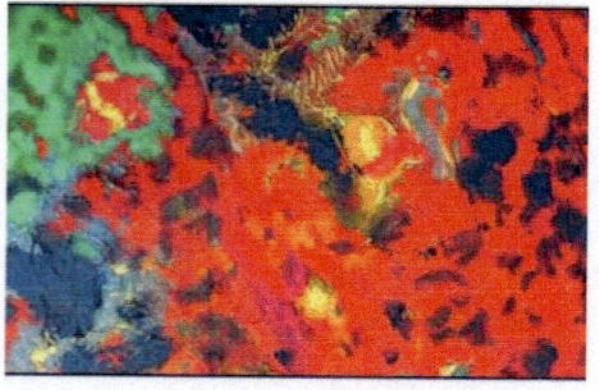

Der entscheidende Kampf um das
Überleben der Menschheit

der Seite des Fürsten, der Rote Reiter. Ob er mit seinen Legionen helfen kann, bleibt ungewiss. Zunächst scheint es um einen Kampf in althergebrachten Dimensionen zu gehen. Schon bald wird aber klar, es geht um das Ganze, es geht um den Kampf der Kämpfe. Hier wird nicht um Land und Reichtümer gekämpft. Vielmehr entbrennt ein mit äußerster Härte geführter Kampf um den gesamten Erdball, um alles, was war und jemals sein werden würde.

Es geht um unsere bestehende Weltordnung. Ein Kampf gegen Unterdrückung und Ausbeutung, Egozentrik und Rücksichts-losigkeit. Fürst Rana führt seine Legionen, mit 350.000 Kriegern des Lichts, in einen scheinbar aussichtslosen Kampf. Der Tod scheint gewiss bei der gewaltigen Übermacht durch eine Million Dämonenkrieger, ausgestattet mit Waffen von grausamster Zerstörungskraft. Schon bald wird dieser Kampf entschieden, ist er doch bereits seit langer Zeit auch um uns herum und überall im Gange. Bald muss sich die gesamte Menschheit entscheiden, auf welcher Seite sie stehen und kämpfen will. Der Ausgang dieser Schlacht wird von uns allen selbst mitentschieden.
Diese Geschichte ist nichts für schwache Gemüter. Nicht für Kinder geeignet.

Atlantis lebt! Unbekannte Lebensformen im Erdinneren entdeckt, BoD Verlag

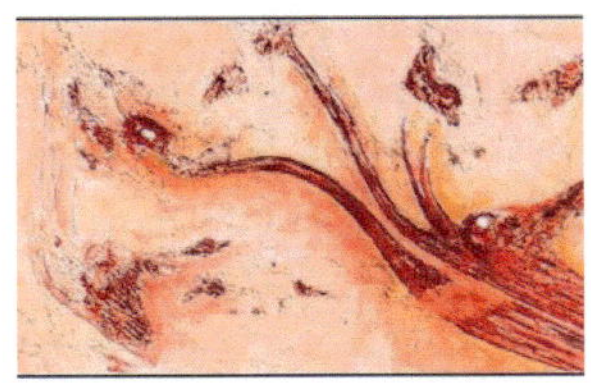

Anfang der 1990er-Jahre begann man südlich von München mit Tiefenbohrungen auf der Suche nach neuen Energiequellen. In einer Tiefe von über 4000 Metern stößt das Forscherteam unter dem damaligen Leiter Dr. Werner auf ein riesiges Reservoir von 140° C heißem Thermalwasser. Bei der Auswertung machen die Wissenschaftler eine unglaubliche Entdeckung: Dr. Werner kann bislang völlig unbekannte Lebensformen in dem heißen Wasser nachweisen. Auf einer Pressekonferenz zu dieser Sensation kommt es zum Eklat: Offenbar wollen Wirtschaftsverbände und Politiker die Resultate vertuschen. Schlägertrupps stören die Veranstaltung und versuchen an die beweiskräftigen Bilder zu kommen. Einem jungen Journalisten aus Wien gelingt es, diese einzigen Beweise für die Existenz der Lebewesen, zu stehlen. Dadurch gerät in große Schwierigkeiten. Ob die neue Lebensform der Thermal-Biotics eine Chance hat, ist fraglich.

Ein engagiertes Buch für den Erhalt unserer Erde und ein friedliches Miteinander ihrer Bewohner.

Das Geheimnis der alten Ming-Vasen und Letzter Aufruf Afrika BoD Verlag

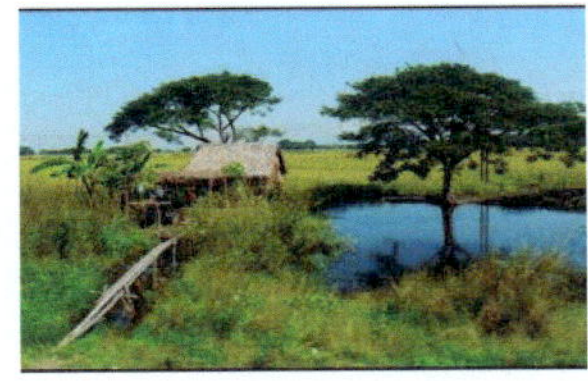

Der Bauer Woh Kann Doo hat eine Kuh namens Chie. Diese Kuh gibt jeden Tag einen Eimer beste Milch, von der er seine Familie gut ernähren kann. Diese Kuh hat er von seinem Vater erhalten und der hat sie wiederum von seinem Vater. Da die Kuh seit jeher bestens versorgt und wie ein Familienmitglied behandelt wurde, war sie überglücklich und zufrieden. Noch nie hatte sie einen Gedanken an Leid, Krankheit oder gar den Tod verschwendet. Dadurch war sie unsterblich. Eines Tages packt den jungen Bauern die Gier. Ein Eimer Milch ist ihm nicht mehr genug. Er will raus aus dem kleinen Bauernhaus in dem die Doo´s seit Generationen leben. Ein neues, großes Steinhaus in der Stadt soll es sein. Mit der Kuh erhofft er sich das schnelle Geld. Er melkt seine Kuh immer häufiger, bis sie schließlich drei Eimer Mich am Tag gibt. Das eigene, gute frische Futter von seinen Feldern verkauft er und kauft billiges schimmeliges Heu. Er steckt Chie in einen dunklen zugigen Stall. Die Kuh Chie ist darüber so unglücklich, dass sie das erste Mal in ihrem Leben an Krankheit und Tod denkt. Dass sie im Sterben liegt, bemerkt der gierige Bauer erst, als es fast schon zu spät ist.

Letzter Aufruf Afrika

Eindrucksvoll wird von einer Nomadengruppe berichtet, die, wie jedes Jahr, im Herbst ins warme Winterquartier aufbrechen will. Wenige Tage vor Aufbruch wurde ein junges Mitglied einer Familie durch ein Ungeschick schwer verletzt. Trotz des nahenden Winters, beschließen die Sippenanführer noch eine Woche zu warten. Als die übrigen Familien in den frühen Morgenstunden aufbrechen, bleibt die Mutter bei ihrem verletzten Jungen und hofft auf ein Wunder. Die Lage ist aussichtslos. Ein Überwintern in diesen Breiten würde alle das Leben kosten. Alleine wäre der beschwerliche und gefährliche Weg, keinesfalls zu schaffen.
Die ersten Fröste überziehen das Land.
Eine Geschichte, über Zusammenhalt, Zuneigung, Mut und eisernem Willen.

Kraftplatz Mallorca Mit der Wünschelrute zu den Kraft- Plätzen der Insel BoD Verlag

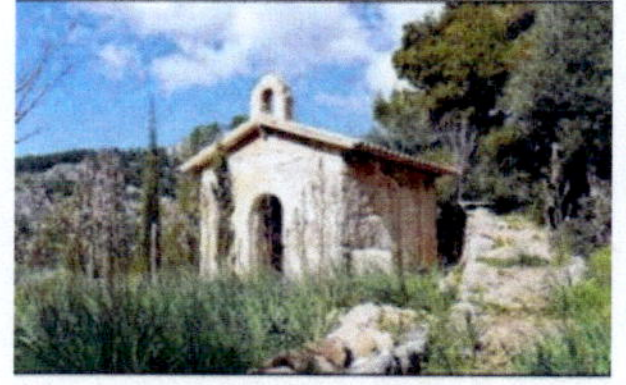

Mit der Wünschelrute zu den
Kraft-Plätzen der Insel

Mallorca einmal anders. Die Zauberinsel im Mittelmeer nicht nur auf den üblichen Landschaftsrouten der Touristen, sondern mit den Augen und allen Sinnen eines leidenschaftlichen Wünschelrutengängers betrachtet. Denn der Autor ist selbst einer von dieser seltenen Spezies, ein besonders begeisterter und erfahrener. In diesem Buch nimmt er uns mit auf seine abenteuerliche Spurensuche. Seine einzigartigen Erfahrungen, die intensive Kommunikation mit Tieren, Pflanzen und Steinen, spannender geschildert als jeder Krimi, faszinieren. Aber auch die üblichen Reiseinformationen über die schönsten Buchten, die langen Strände, die pittoresken kleinen Dörfer, die Highlights der größeren Städte und die Glanzlichter der Inselhauptstadt Palma werden nicht ausgespart. Neben der Beschreibung vieler Sehenswürdigkeiten, nimmt uns der Autor mit auf ausgewählte, von ihm persönlich durchgeführte Wanderungen. Anschaulich und nachvollziehbar vermittelt er die Handhabung der Wünschelrute und den Gebrauch des Pendels. Mit Hilfe dieser uralten Techniken, die fast vergessen waren, ergeben sich ungeahnte Möglichkeiten. Sie eröffnen uns eine ganz neue Sichtweise, wir erleben dadurch wunderbare, manchmal unglaublich erscheinende Dinge und Begegnungen der besonderen Art. Dieser Reisebericht ist ein einzigartiges Geschenk. Der Zugang zu einer Welt, die einem bis dahin vielleicht fremd und unbekannt war: wunderbar bereichernde Erlebnisse und Erfahrungen, die auch in unser Alltagsleben einfließen werden.

Leben auf dem Kultplatz. Rana, und die alte Linde! BoD Verlag

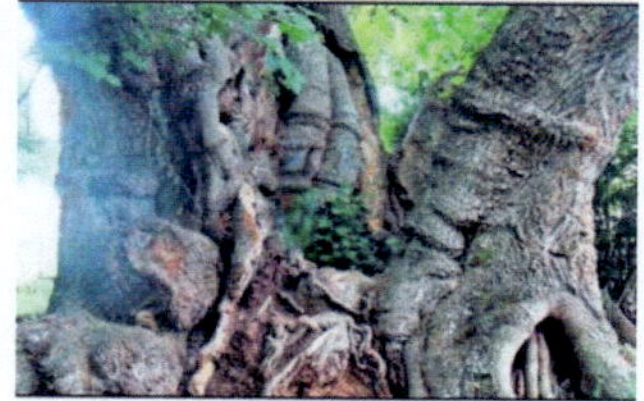

Die wechselvolle Geschichte eines kleinen
Dorfes aus der Sicht der alten Linde

Dieses Buch erzählt die wechselvolle Geschichte eines Dorfes aus der Sicht der Bäume. Sie beginnt etwa 1.000 v.Chr.

Die Chronik des einstigen Kultplatzes wird von den nahen Bäumen am Waldrand erzählt. Hierbei spielt die alte knorrige Linde eine besondere Rolle. Sie steht da seit Beginn der Zeit und hat so manches erlebt, all dies gibt sie in dieser Erzählung weiter.
Sie hat die Aufgabe, den Kultplatz zu schützen und die Geister der Finsternis zu vertreiben. Vor 3.000 Jahren wird der junge Rana erstmals von seinem Vater Gunnar, der zur Sippe der Krähen gehört, mit zur alten Linde Heros genommen. Dort erfährt er von seinen besonderen Fähigkeiten mit Bäumen und Pflanzen kommunizieren zu können. Zwischen Rana und den Bäumen entsteht eine besondere Beziehung. Rana und sein Nachkomme sollen den Platz und seine Geheimnisse für immer schützen. In unserer Zeit wird Jakob, ein Familienvater, ohne sein Wissen von den Bäumen als Beschützer des Ortes auserwählt. Dabei soll ihm die Kraft des goldenen Amuletts helfen. Er soll den Kampf gegen die Mächte der Finsternis im Sinne Ranas weiterführen und diesen endgültig für die Mächte des Lichts entscheiden.
Ein verbitterter Kampf um den einst heiligen Platz. Die Familie um Jakob gerät hierbei in Lebensgefahr. Wird es gelingen diesen Ort zu befrieden?

Die letzten ihres Stammes BoD Verlag

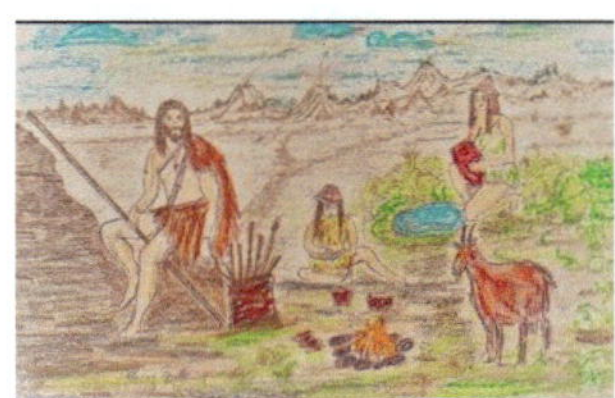

Die Geschichte der letzten freilebenden
Ureinwohner Süd-Europas

Im Bereich der sagenumwobenen Masca-Schlucht und den unzugänglichen Berge und Schluchten Teneriffas, verstecken sich seit hunderten von Jahren die Nachkommen der Guanchen.

Paul hat seit einer halben Ewigkeit nichts mehr von seinem Jugendfreund Robert gehört, als ihn plötzlich diese Nachricht erreicht: Robert ist tot und er hat ihm sein Eigentum, eine verfallene Steinhütte auf Teneriffa hinterlassen, wo er viele Jahre seines Lebens verbrachte. Paul entscheidet sich, das Erbe anzunehmen und fliegt nach Teneriffa. Dort ereignen sich die merkwürdigsten Dinge, und er stößt in einem alten Tagebuch auf ein Geheimnis, das er nie für möglich gehalten hätte. Nicht nur er interessiert sich dafür, auch die spanische Regierung wird auf ihn und das Geheimnis aufmerksam.

Gibt es die, in diesem Tagebuch von Robert beschriebenen, Nachkommen der kanarischen Ureinwohner tatsächlich? Weshalb verstecken sie sich dort und unternehmen alles, um ihre Existenz geheim zu halten? Kann es gelingen, ihren Lebensraum zu schützen?

Dieses Buch nimmt die Leserinnen und Leser mit auf eine spannende Reise in die Region rund um den Teide, der als höchster Berg Spaniens in seinen unzugänglichen Gebieten so manche Geheimnisse bewahren hilft... Es nimmt sie mit in eine fast vergessene Zeit, fesselnd, spannend, mystisch, fantasievoll – und sehr unterhaltsam.

Das Tölzer Labyrinth - Ein Kraftplatz entsteht. In 100 Tagen von der Idee zur Eröffnungsfeier, Soft Cover: BoD Verlag

Hardcover: Verlag Ewald Kalteiß, Log. Per. Messtechnik & Medien. Prien a. Chiemsee

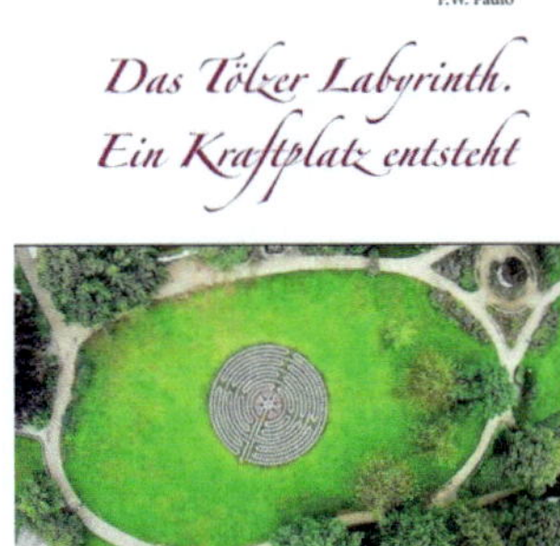

In 100 Tagen von der Idee zur Eröffnungsfeier

Labyrinthe faszinieren und begeistern Menschen schon seit Tausenden von Jahren. Ihr Ursprung liegt im heutigen Griechenland. Von dort aus verbreiteten sie sich weltweit in jeden Winkel der Erde – ein unvergleichlicher Erfolg. Bronzezeitliche Felsritzungen, knossische Münzen, römische Mosaike, mittelalterliche Handschriften, uralte Zeichen und Ritzungen auf Ton und Keramik auf der ganzen Welt zeugen von Labyrinthen. Heute erfährt diese symbolträchtige Darstellung des Lebens eine Renaissance. Zu finden in herrschaftlichen Gartenanlagen, in Parks, in Kirchen und Kathedralen. In der 1260 n.Chr. fertig gestellten Kathedrale zu Chartres, südlich von Paris befindet sich das wohl bekannteste. Nach diesem Vorbild ist das Labyrinth in Bad Tölz gearbeitet.

Der Künstler Marco Paulo aus Bad Tölz hat im Rosengarten einen Kraftplatz in Form dieses Labyrinthes initiiert und gebaut. Dieses Buch erzählt die Geschichte, in 100 Tagen von der Idee zur Eröffnungsfeier.

„Der Weg ist das Ziel. Das Labyrinth ist eine Einladung, sich aufzumachen, auf dem Weg zu bleiben, weiter zu gehen, sich zu besinnen, sich zu wenden; um schließlich an zu kommen. Ein Labyrinth betritt man nicht mit den Füßen; sondern mit dem Herzen. "Marco Paulo“

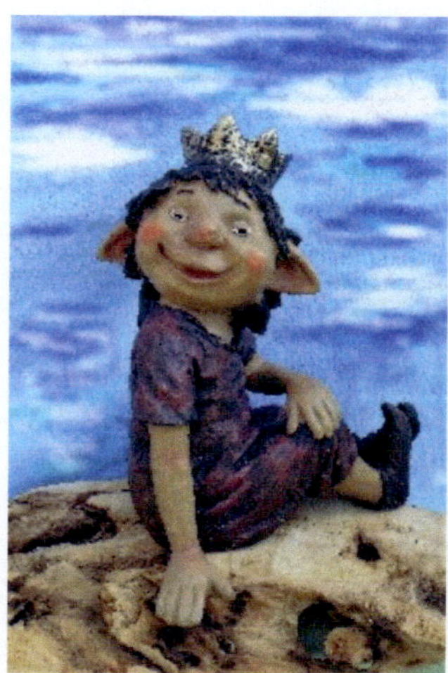 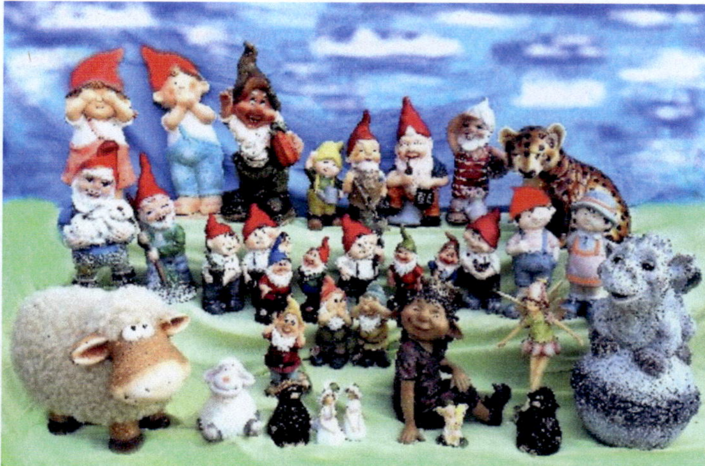

Die kleine Marie soll die Sommerferien bei ihrem Großvater Hektor verbringen, den sie noch nie
besucht hat. Er ist ein seltsamer Opa, der alleine und zurückgezogen in einem sehr alten Haus, am
Rande der kleinen Stadt Tölz, in der Nähe des Waldes wohnt. In seinem alten Schuppen, hinter
dem Haus, hütet er ein großes Geheimnis. Früher war er ein begabter Holzschnitzer und fertigte
wunderschöne bemalte Holzfiguren an, Zwerge, Feen und zauberhafte Fabelwesen. Mit einer Figur
redete er sehr gern und weil sie ihm so gut gefiel, schnitzte er ihr eine goldene Krone und nannte
sie Trapp-Trollinchen. Sie war eine Zaubertrolline mit leuchtenden Augen, roten Bäckchen und
abstehenden Ohren.   Er konnte sie zum Leben erwecken. Weil die Leute über ihn redeten, beschloss er, die Figuren nie wieder anzurühren. Langsam erstarrten die einst so lebendigen Zauber-
figuren wieder zu Holz, traurig, dass all die Abenteuer, die sie nachts gemeinsam erlebten, nun
vorbei sein sollten. Marie entdeckt bei ihrem Besuch die versteckten Figuren und fängt an, mit
ihnen zu spielen. Ganz überrascht stellt sie fest, dass die Figuren lebendig werden, sich bewegen
und sich mit ihr unterhalten. Die kleinen Wesen sind so froh und dankbar endlich wieder reden,
tanzen und singen zu können, dass sie Marie versprechen, ihr jeden Tag von einem anderen Abenteuer zu erzählen. Begeistert taucht Marie in die spannenden Abenteuer ihrer neuen Freunde ein,
von denen das wunderschöne Trollmädchen Trapp-Trollinchen erzählt.

Spaziergang durch die Bayrischen Kurorte
Radierungen, Zeichnungen und Skizzen von Marco Paulo, teils coloriert
Verlag Ewald Kalteiß, Prien Log. Per. Messtechnik & Medien, oder direkt bei M. Paulo

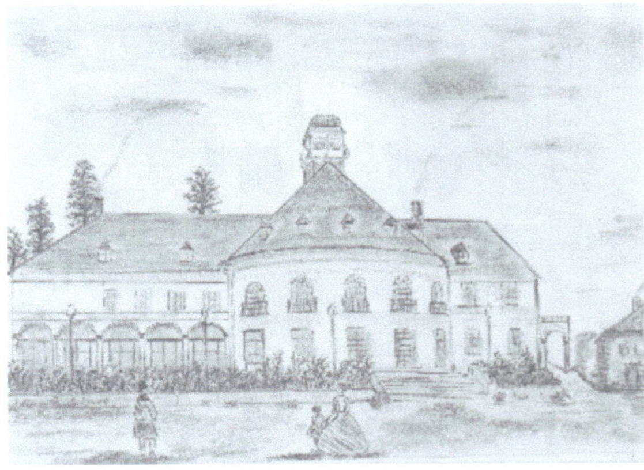

Paulo, selbst Bürger einer solchen Kurstadt (Bad Tölz) und mit seinem Atelier auch im alten Badeteil unweit der historischen Kurgebäude ansässig, hat viele dieser Bauwerke besucht und Skizzen angefertigt. So sind über viele Jahre hinweg die hier gezeigten Zeichnungen entstanden.

Schon immer faszinierten ihn die Gebäude bei denen sich kreative Architekten, wohlhabende Auftraggeber und fundiert ausgebildete und tüchtige Handwerker nach Belieben betätigen könnten.

Mit diesem Spaziergang durch die bewegte „**Gute alte Zeit**" möchte er diese einmaligen Gebäude, die teilweise auch heute noch, Kuranlagen, Parks, Fußgängerzonen und ganze Stadtteile prägen, als Zeitdokument festhalten. Gezielt zeichnet er bisweilen Begegnungen oder Darstellungen, Personen oder andere Elemente früherer Zeiten in seine Bilder.

Verse & Gedanken, BoD Verlag
Eine Sammlung von Gedichten, Versen und vielen Kurzgeschichten.

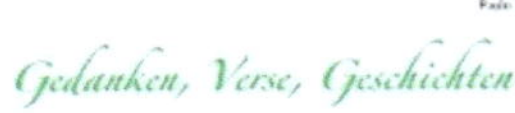
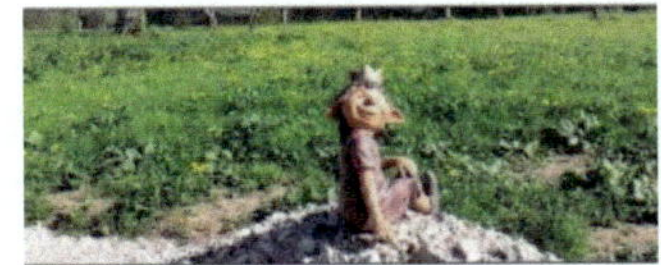

Kunstaktionen, BoD Verlag
Eine Zusammenfassung ironischer, selbstkritischer und provokativer Aktionen der letzten 25 Jahre.

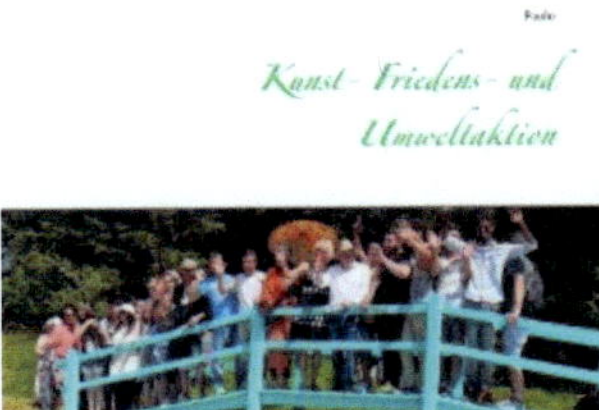

Bilder und Skizzen, BoD Verlag
Ein Resümee vieler Arbeiten aus zwei Jahrzehnten.
Öl, Acryl, Kohlezeichnungen und Radierungen.

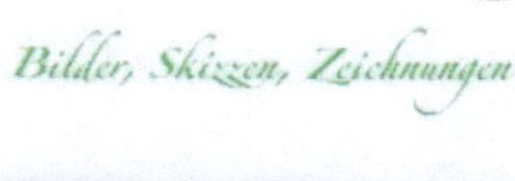

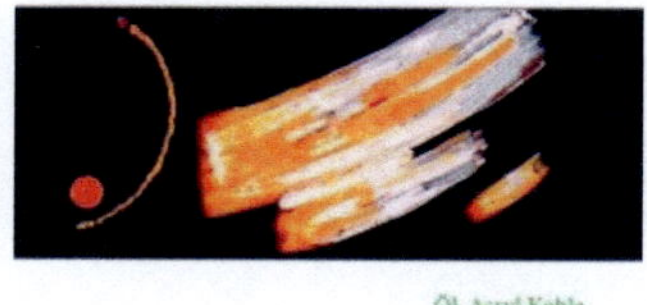

Öl, Acryl,Kohle

Skulpturen, BoD Verlag
Dreidimensionale Kunst aus Stein, Holz und Metall

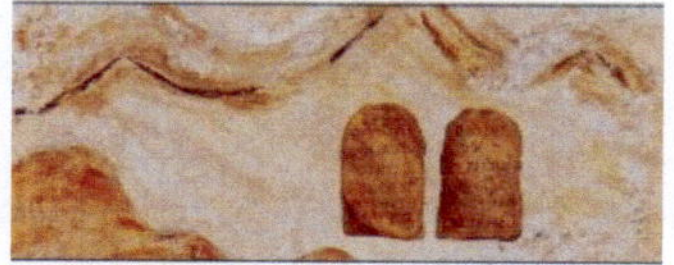

Kunst in dreidimensionaler Art

land-art, BoD Verlag
Vergängliche Kunst in und mit der Natur.
Die Königsdisziplin

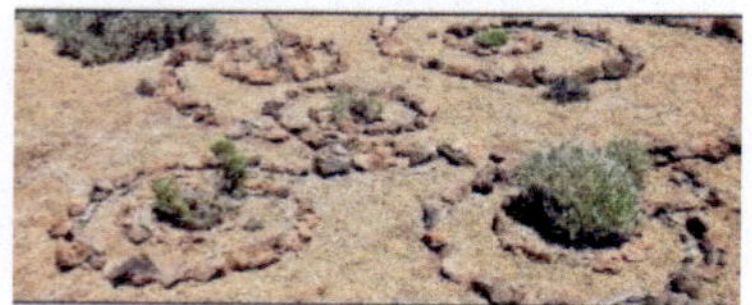

Vergängliche Kunst in und mit der Natur

Das ultimative Geschenk Memories forever,
Eigen- Verlag, nur bei M. Paulo

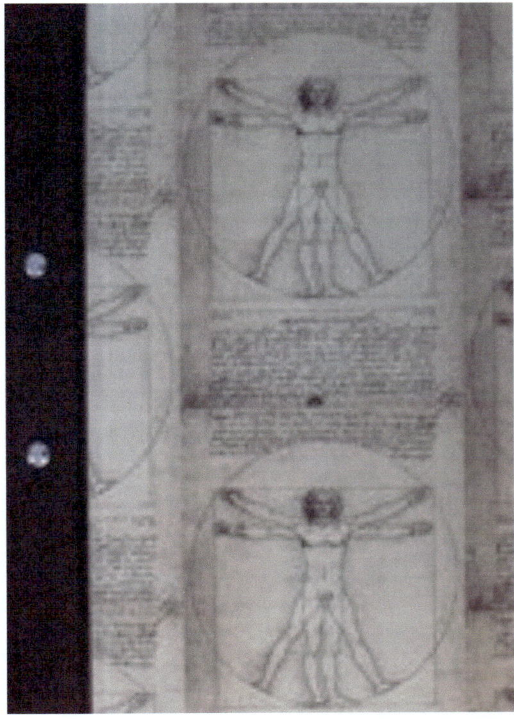 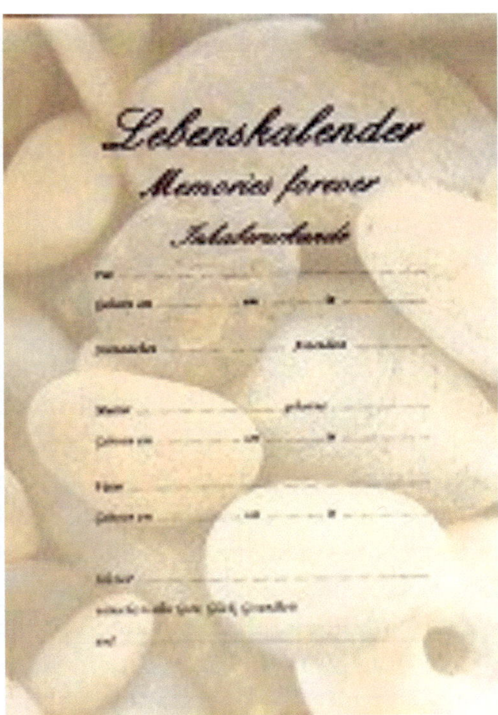

Ob Geburt, Taufe, Kommunion, Konfirmation, Geburtstag, Jubiläum oder sonstige besondere, herausragende Ereignisse.
Dieser Lebenskalender stellt eine einmalige Gelegenheit dar, alle Höhepunkte, die Besonderheiten, die schönen und die bewegenden Augenblicke eines ganzen Lebens in einem Dokument fest zu halten.
Mit diesem Lebenskalender entsteht ein Zeitdokument der besonderen, individuellen und persönlichen Art. Dieser Kalender enthält bereits viele interessante und wissenswerte Daten zum Zeitgeschehen. Er ist so konzipiert, dass Sie jederzeit neue Seiten hinzufügen und ihn durch Einträge und Fotos ergänzen können. So können Sie den Lebenskalender nach Ihren persönlichen Wünschen kreieren.
Dieser Kalender ist nicht im Buchhandel erhältlich. Nur bei: Marco Paulo - der Erdpate, Atelier Bad Tölz

© Gestaltung, Entwurf und Vertrieb: Marco Paulo.
www.marco-paulo.de oder www.erdpate.de   E-Mail: info@erdpate.de

Vita:

M. Paulo, Künstler, Maler, Bildhauer und Autor. Viele Arbeiten und Aktionen entstehen unter dem Pseudonym **Marco Paulo,** damit es jedoch nicht zu Verwechslungen kommt, werden seine Begleitexte, Publikationen, Essays und Bücher unter dem Autoren Namen **M. Paulo** veröffentlicht
1957 wurde er in der Nähe der deutsch-französischen Grenze geboren. Schon früh waren seine Neigungen im Bereich der gestaltenden Kunst und des Schreibens erkennbar. Mit 12 Jahren kreierte er seine ersten Holzskulpturen und nahm an Ausstellungen teil. Texte und Gedichte folgten. Kunst in Form von Bildern und Skulpturen begleitete ihn fortan. Über die Jahre zahlreiche Einzel- und Gruppenausstellungen. Neben seiner handwerklichen Ausbildung mit vier Meistertiteln und zahlreichen Schulungen im In- und Ausland, zog es ihn 1984 nach Bayern. Auf dem Gebiet alter, fast verloren gegangener Handwerkstechniken war er ebenso aktiv wie im Bereich der Kulissengestaltung und Kulissenmalerei für Film und Theater. Heute lebt und arbeitet er in Bad Tölz. Hier widmet er sich voll und ganz seiner Passion: der Kunst und dem Schreiben. Gerade die Nähe der Berge, die Natur und der sich ständig wandelnde Fluss Isar inspirieren ihn. Er absolvierte eine schamanische und geomantische Ausbildung.
Die Lehre eines Shaolin-Mönchs und die Atempausen in Klöstern führten ihn weiter und bereicherten seinen Lebensweg. Dabei erlernte er fast vergessene Methoden und Vorgehensweisen, unter anderem ganz bestimmte Traum-Meditationen. Durch die Fähigkeit, sich in Tagträumen voll und ganz in die jeweiligen Schauplätze und die Protagonisten seiner Erzählungen zu vertiefen, gelingt es ihm, vielerlei verborgene Dinge zu spüren und zu sehen. Seine Empfindungen, Erlebnisse, die Begegnungen und die Abenteuer, die er bei seinen Reisen erlebt, gibt er in seinen Büchern und Erzählungen weiter, die er seit vielen Jahren verfasst. Abenteuergeschichten, Romane, Fachbücher, Science-Fiction und Märchen um Trolle, Zwerge, Feen, Elfen und zauberhafte Fabelwesen nehmen seine Leser immer wieder mit, in eine wunderbare Welt der Fantasie. In vielen seiner Texte, Umwelt- und Friedensaktionen greift er ökologische, gesellschaftliche und soziale Themen auf. Er mischt sich seit über 30 Jahren aktiv ein und bezieht klar Stellung. Seine Geschichten tragen oftmals eine geheimnisvolle, subtile und doch einfache Botschaft zum Schutz der Erde und der Welt.

„Im Mittelpunkt meiner Arbeiten steht die Erde, die ich als
eigenständiges Lebewesen betrachte, sie ist für mich die
Materialisierung der göttlichen Existenz.“

„Die Erde ist vollkommen, sie kann nicht verbessert werden.
Wer sie besitzen will, wird sie verlieren.
Wer sie ausbeutet, wird sie zerstören.“

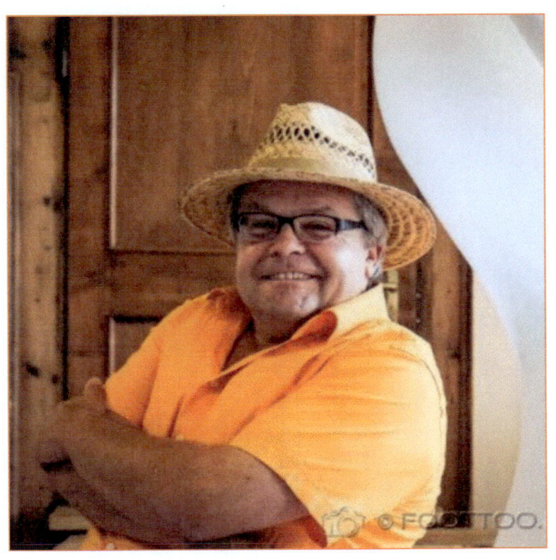

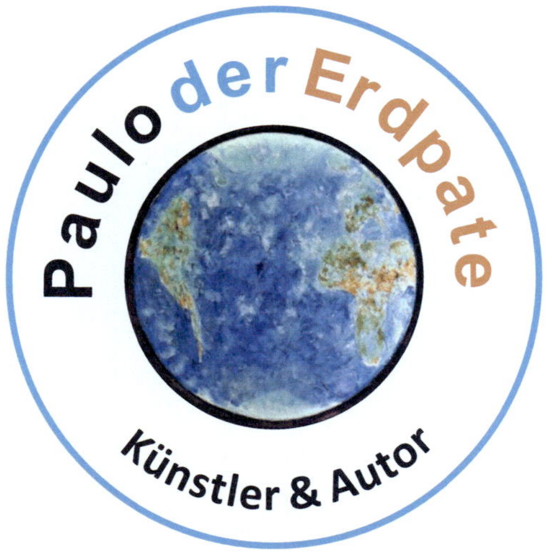

www.marco-paulo.de oder www.erdpate.de

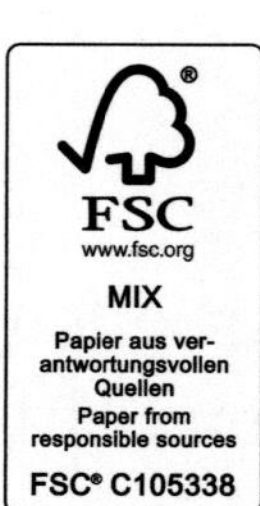